怪談びたり

深津さくら

二見書房

はじめに

私は関西を中心に実話怪談の語り手として活動しています。

令和元年に、もっとも怖い話を語る者を決める大会「ＯＫＯＷＡ」に出場した際、大会の発起人であり、事故物件住みます芸人の松原タニシさんに〝怪談と結婚した女〟というキャッチフレーズを付けていただきました。怪談浸《びた》りの暮らしをしている自分にはとてもしっくりきて、大会以降もそう名乗っています。


「不思議な体験をされたことはありますか？」

出会った人にそう尋ねます。問いかけられた人の反応は千差万別で、面白がってくれる人、不審者を見るようなまなざしを向ける人、幽霊はいると思うかと議論を始める人、そして時々「はい」とうなずく人がいます。


怪談を尋ねるようになったきっかけは、大学時代に実話怪談をテーマにした卒業論文を書いたことでした。

京都の大学に進学した私は、なにげなく参加した怪談会をきっかけに怪談にのめりこみ、とうとう本格的に研究を始めました。

最初は、イベントを観にいったり、本を読んだりすることで満足していましたが、次第に自分の足で怪談を聞き集めたいと思うようになりました。

取材をするようになって驚いたのは、不思議な体験をしたことがある人の多さでした。仲の良い友人や、アルバイト先の先輩、居酒屋で偶然出会った人が「実はおかしな体験がある」と語り始めたのです。

出身も年齢も異なる人々が語る怪談は、思わず叫んでしまうほど恐ろしい話もあれば、慰められたり、おかしみがあったり、ときには元気付けられるような話もありました。

日常の中に怪異がある。

私は次第に、幽霊や怪異は特別なものではなく、当たり前に存在しているのではないかと思うようになりました。

私には幽霊は見えません。しかし、体験者の語りにふと覗く、実際に体験した人にしか表現できないような言葉や、あるいは何かを強く思い出そうとするような仕草には、かつて本当にそれを感じたに違いないと確信せしめる力がありました。

卒論発表の場で会場の照明を落とし、怪談会のような雰囲気を演出しながら論文の発表を行った結果、大学の賞をいただけたのは、学生時代唯一の華やかな記憶です。

大学を出ておよそ一年後、怖い話の大会に出てみました。それまで目立つこと全般を避けるような人生を送っていましたが、怪談への好奇心が勇気につながりました。

想像よりもずっと大きな舞台に上がって、マイクの前に座ったとき「自分はなんというところに来てしまったのだろう」と目の前が真っ暗になりましたが、自分がもっとも怖いと思う実話怪談をなんとか語りました。

そこで出会った方々とご縁ができたことで、その後ライブイベントなどに実話怪談の語り手として出演するようになりました。

今では、テレビ番組に出演したり、怪談語りのＤＶＤが発売されたりと、想像もしていなかったほどたくさんの方に語りを聴いていただいています。

先日、活動開始から二年が経ちました。興味の根本である実話怪談の取材は、変わらずずっと続けています。

本書『怪談びたり』は、これまで聞き取りをしてきた怪談から四十三篇を収録しています。

高校生、研究者、主婦、音楽家、会社員、美容師、骨董品店の店主、すべてかつて誰かが実際に体験した物語です。中には、私自身が怪異の現場に居合わせた話もいくつか収めています。

これらを一冊の本にまとめるにあたって、怪異を取り巻く景色ごとに「家の怪」「施設の怪」「路上の怪」「野の怪」「人の怪」の五つに分類しています。

しかし、一見シチュエーションが共通していると思える怪談でも、よく観察すると、どの話もそれぞれ異なる手ざわりを持っていて、人が一人ひとり違うように、一つとして同じ怪異はありません。

すべての話に共通するのは、たとえ現象がささやかであったとしても、一つひとつの出来事が体験者の心に深く刻まれているということのみです。

本書とともに、怪異のある世界にひたっていただけたら嬉しいです。

家の怪

宮崎のマンション

宮崎県の市街からバスで数十分ほど南下したところにある静かな町に、下田さんは六年間住んだ。

小さな地元スーパーの裏手で、穏やかな川のそばにある三階建てのマンションは大学へのアクセスもよかった。間取りは洋室と和室に分かれた２ＤＫで、一人暮らしをするには十分な広さだった。

二〇一八年の三月中旬、大学の卒業式を終えた下田さんは、就職先である大阪への引っ越しを控え、のんびりと転居の準備を進めていた。

六年分の荷物を整理し、新居に持っていくものは種類ごとに段ボールに詰めて、ガムテープで封をした。かさばる収納家具や大きなパイプベッドは粗大ごみに出すため、ばらばらに解体した。引っ越しの三日前には絨毯《じゅうたん》やカーテンもしまい込み、部屋は段ボールとわずかな生活用品を残すのみとなった。

引っ越しの準備は一段落したが、家にいてもすることがないので、下田さんは当《あ》て所《ど》なく散歩に出た。傾いた陽の色が橙《だいだい》に変わる時刻だった。

数日前に卒業した大学のキャンパスを歩いていると、同じように大学に来ていた同級生の友人、佐藤に出《で》会《くわ》した。

「暇なんだったら、おまえの家で飲もう」

下田さんは二つ返事でそれに乗った。

スーパーで酒やつまみを買い込みマンションに戻る頃には、すっかり日が暮れていた。

共用階段を三階まで上がり、夜風の抜ける暗い廊下を端の自室まで歩く。玄関扉が並ぶ見慣れた風景の中にふと違和感を覚えた。

下田さんの部屋は三〇七号室だった。そのすぐ隣の三〇六号室が異様な様相を呈していた。

冷たい金属扉に、上から下までびっしりと白い紙が貼られていた。紙には、殴り書きのような黒い文字で、一枚一枚、同じ文言が書かれていた。

〝私は南警察署員に殺されました〟
〝私は南警察署員に殺されました〟
〝私は南警察署員に殺されました〟
〝私は南警察署員に殺されました〟

　のたうち、うねるような文字だった。

「なんだこれ、おまえんちの隣、やばいの住んでるな」

　佐藤がからかうように言った。下田さんは首を縦に振ることができなかった。六年のあいだ、隣の部屋に誰かが住んでいるなど一度も感じたことがなかったからだった。

　遊び疲れて夜遅くマンションに帰ってきたとき、外から自分の部屋を見上げても隣室はいつも暗く、カーテンすらついていなかった。誰かが扉を出入りする姿も見ていないし、足音や生活音が聞こえてきたことさえない。下田さんは言った。

「住んでないよ、ここ。誰も」

　しかし、だとすると、今日たまたまこの田舎のマンションの三階まで何者かがやってきて、この誰も住んでいない部屋の玄関に怪しげな紙を執念深く貼っていったことにならないか。こんなものを、いったい何のために、誰に見せようというのか。

恐ろしい空想を振り切るように自室に入った。

がらんとした部屋の床に座って、二人は気持ちを切り替えるように思い出話をした。しかし酒が進むに従って、どちらからともなく「あれはいったいなんなんだ」と先ほど見た光景の話になった。

「誰も住んでないって本当かよ？　不気味すぎるって」

カーテンを取り払った窓の向こうに黒々とした闇が覗《のぞ》いていた。

窓の外は洋室と和室にかかる長いベランダになっていて、物置として使っていた。そういえばこの部屋のベランダは隣と繋《つな》がっている。二つの部屋のあいだに間仕切りのボードがあるけれど、少し身を乗り出して覗き込めば隣の部屋の様子をうかがえるかもしれない。

下田さんの胸に好奇心がうずいた。

「隣、見てみたくないか？」

ベランダに自分の影が落ちないように部屋の照明を落とし、洋室と和室にそれぞれある掃き出し窓のうち、隣の部屋から遠い和室の方からひっそりとベランダに出た。穏やかな川の音とともに花冷えの夜風が吹き付けた。忍び足で間仕切りに近づき、金属製の柵から身を乗り出して、上半身をひねった。

隣室がすぐそこに見えた。

カーテンも、家具も、何もない真っ暗な部屋だった。

その部屋の真ん中に、人が立っていた。

こちらに背中を向け、玄関の方を向いたまま、ぴくりとも動かない。

とても背が高いが、女性のように見えた。

下田さんは鼓動が速まるのを感じた。

すぐ後ろの洋室から怪訝《けげん》な顔でこちらを見ていた佐藤に、身振り手振りでこっちに来いと呼びかけた。

佐藤は下田さんのただならぬ様子を察して、慌てて窓を開けた。先ほど下田さんが出た窓とは違う窓だった。そして暗いベランダに足を一歩踏み出したとき、下田さんが解体して放置していたベッドのパイプに足が当たった。

寒々とした夜の中に鋭い金属音が響いた。

次の瞬間、その女性がゆらりとこちらへ振り返るように首を傾けた。

気づかれた。見つかってしまう。目を合わせたくない。

下田さんは瞬間的にベランダから身を引き、佐藤の腕を引っ張って部屋の中へ戻った。

震える手ですべての窓を施錠しながら、先ほど目の当たりにした異様な光景を佐藤に伝えた。

話しながら、違和感を覚えた。

先ほど隣室には何もないように思えたが、おかしなところがあった。部屋全体が青くなっただろうか。そうだ、壁という壁がすべてブルーシートのようなもので覆われていた。玄関の方までびっしりと。

下田さんのすぐ後ろにある窓から、冷たい空気が染み出ていた。隣の部屋のあのおかしな女性が、先ほどの自分のように今度はこちらを覗いているのではないかと思えて、振り向くことができなかった。

「なあ、佐藤。おまえの家に行って飲み直さないか」

佐藤がうなずくなり、二人は各々の荷物をひったくるように持って玄関へ走り、震える手で内鍵を開け、ドアノブを回した。

「開かない！　どうして……」

もう一度内鍵を触った。確実に開いている。玄関扉が外から何か強い力で押さえ付けられているようだった。

「早く！　早く！」

佐藤が急かした。下田さんはパニックになりながら、足を踏ん張り体重をかけてドアを押した。

〝びり〟

すぐそこから、何かが裂けるような音がした。

〝びり、びり、びりびりびり〟

音がやむと、嘘のように扉が軽くなった。

おそるおそる廊下に足を踏み出して、振り向いた。

そこにあったのはあの紙だった。紙が裂ける音だった。

〝私は南警察署員に殺されました〟

殴り書きが下田さんの部屋の扉にまでびっしりと貼られていた。

その光景を見てマンションから転げるように逃げた下田さんは、引っ越しまでの三日間を佐藤の部屋で過ごした。

未《いま》だにあのとき見たものがなんだったのかわからない。ただ、自分たちが部屋にいるあいだ、テープを貼る音も、人の気配も、何も感じられなかった。ただ静かな川の音だけが、六年間変わらずそうであったように聞こえていたという。

306
私は南警察署員に殺されました
私は南警察署員に殺されました
私は南警察署員に殺されました
私は南警察署員に殺されました
私は南警察署員に殺されました
私は南警察署員に殺されました
私は南警察署員に殺されました
私は南警察署員に殺されました
私は南警察署員に殺されました
私は南警察署員に殺されました
私は南警察署員に殺されました

塩

関西支店に異動が決まったのは三月中旬で、山本さんは急遽《きゅうきょ》大阪市内に賃貸住宅を借りることになった。

インターネットで賃貸物件を探しても、引っ越しシーズン真っ只中ということもあり、いい部屋はほとんど残っていなかったが、不動産屋の窓口に行って相談すると一軒の単身者用マンションを紹介された。小さな部屋で築年数も古かったが、清掃やセキュリティなどがしっかりしているので女性にはおすすめですと窓口のスタッフは説明した。

住み始めると想像していたよりもずっと快適だった。駅が近いのに静かで、家賃も相場より安く、定期的に清掃のおばさんが来るので共用部分には枯葉一枚落ちていなかった。

一点気になることといえば、部屋で奇妙な出来事が頻発することだった。

真夜中に突然、台所の蛇口が全開になったり、窓を開けていないのにカーテンがふわふわと揺れたり、頭の上で手を叩《たた》く音がしたこともあった。まるでほかに誰か住んでいて、構ってほしいと言われているようだった。

しかし、仕事の環境が変わったばかりで心身ともに疲れきっていた山本さんには、奇妙な出来事をちゃんと怖がるだけの余裕がなかった。むしろうざったくてたまらず、段々と腹立たしさが募った。

難波の飲み屋で居合わせた人に、話の流れで家のことを相談した。

「盛り塩とかしてみたら？　よくわからないけど、玄関先とかに置いてあるのをたまに見るでしょ」

それはわざわざお祓《はら》いに行くほどではなかった山本さんにとって、ちょうどいい案だった。

帰宅した山本さんはさっそく小皿に食塩を盛り、三角形に成形して、玄関先に置いた。

見様見真似の盛り塩だったが、意外にも効果てき面だった。

家の中はしんと落ち着き、ゆっくり過ごせるようになった。その代わり、ときおり玄関をノックする音が聞こえるようになったが、気にしないように努めた。

土曜日の朝だった。

目が覚めてしばらくベッドの上でぼうっとしていた山本さんは、携帯を見ながら外の音に耳を傾けていた。

　鳥の声や道路を車が通過する音の中に、箒《ほうき》の音が混じっていた。

　今日は清掃のおばさんが来る日だったか。シャッシャと手際のいい音が近づいてきて、玄関の前でカチャンと鳴った。盛り塩の小皿がひっくり返った音だった。

〝あっ〟とベッドから身体を起こした瞬間、リビングのドアが開いた。ドアは一八〇度開いて勢いよく壁にぶつかり、大きな音を立てた。

　姿のないものは、そのときをずっと待ち構えていたのだった。

兄の部屋

大阪市淀川《よどがわ》区の繁華街から少し外れた場所に一軒の飲み屋がある。夜になると、店の落ち着いた灯りのもとに地元の人々が集まり、気負いのない酒を酌《く》み交わしている。

店主の和也さんはこの街で育った。

子供の頃は実家で両親と三つ歳上の兄と四人で暮らしていたが、兄が高校に上がる頃になると家が手狭になり、兄だけが近所のアパートを借りて一人暮らしを始めた。

当時中学生で背伸びをしたい盛りだった和也さんは、両親と三人で暮らしながら、悠々自適な兄の生活に嫉《ねた》みにも似た憧れを抱いていた。

「お母さん、僕、今だけ兄貴の家に行ってもええかな」

中学二年生のとき、兄が修学旅行へ行った。

普段、反抗期でキツい物言いばかりする兄になかなか近づくことができなかったが、兄が不在の四日間は、一人部屋を与えられていなかった和也さんにとって自分だけの時間を過ごせる絶好の機会だった。兄が出発した日の晩、母親の了承を得て、喜び勇んで兄が下宿するアパートへ向かった。

そこは古びた二階建ての文化住宅だった。建物の至るところが錆《さ》び、土壁は黒くくすんで陰気さを醸し出していた。

住人に見つからないように物陰に自転車を停めて外階段を上り、二階の突き当たりにある兄の部屋まで足音を消して歩いた。実家から持ってきたスペアキーを使ってそっと扉を開けると、すぐに畳の六畳間が現れた。玄関脇に簡易な水場があるだけで、トイレと風呂は共同だった。年季の入った天井から小さな電灯がぶら下がっていた。

和也さんは念願だった一人の空間に胸を躍らせながら、さっそく実家から持ち込んだ漫画を読んだり、兄のゲームや雑誌を漁《あさ》ったりして過ごした。

親の目の届かないところで時間を気にせずなんでも好きにできる楽しさを満喫していると、あっという間に丑三《うしみ》つ時になった。

早寝早起きの習慣が染み込んだ身体に重い眠気が押し寄せた。せっかくの特別な夜だから徹夜でもしようかと考えていたが、観念して布団を敷き、電灯を消して仰向けになった。

目を閉じていると、いろいろな音が聞こえてきた。犬の遠吠え、酔っ払いの話し声、大きな車が走る音。その中に、高い金属音が絶え間なく聞こえていた。耳鳴りだろうか。それとも、どこかでネズミの駆除でもしているのだろうか。意識してみると、とても耳障りな音だった。

突然、金属音が大きくなったように思えた。意識を傾けてしまったからだろうか。ほかの音に気を逸《そ》らそうとしたが、なぜかできなかった。音は徐々に大きく、重くなっていくようだった。ついにほかの音がまったく聞こえなくなるほど、耳の中が金属音でいっぱいになった。

異変を感じて目を開けた。視界の中で豆電球が仄暗く灯《とも》っていた。その横に何かがあった。

暗さに目を凝らしてよく見ると、それは人だった。首を吊った男の姿だった。

和也さんは驚愕のあまり身体を動かすことができなくなった。

首を吊った男の目玉は、斜め下の和也さんを見つめていた。

音がさらに大きくなり耳をつんざくようだった。

ここから逃げなくては、と思った瞬間、男の皺《しわ》の寄った腕が和也さんを摑《つか》んだ。そのあとのことはよく覚えていないという。

必死で実家に逃げ帰った和也さんは、それきり二度と兄の部屋には近づかなかった。

＊

そのアパートの名前を私は和也さんに尋ねた。

「ああ、おおやま荘やったかな。住所もわかる」

調べてみると、おおやま荘は現存していた。現在は名前を変えてかしわ荘としているようだが、和也さんが兄の部屋を訪れてから二十年以上経ったことを証明するように、今にも崩れ落ちてしまいそうな外観写真が出てきた。

私はその情報を元に事故物件公示サイト「大島てる」を開いた。地図上に自殺や他殺のほか、さまざまな理由で事故物件となった地点が炎のマークで表示されており、その一つひとつに発生日時や死亡理由、部屋番号などの詳細が添付されている。

部屋の中で自殺が起これば、そこは事故物件となる。もしも和也さんが足を踏み入れた兄の部屋が事故物件だったのだとしたら、男の姿を見たことと関係があるかもしれない。

大きな工業高校のすぐ近くに元おおやま荘はあった。そしてそこに、まさに事故物件である炎の印が表示されていた。

「平成XX年、部屋番号XX　配達員が首吊り自殺」

そこに書いてあった詳細と、和也さんの体験談がぴったりとはまった。いたずらな考えが現実味を伴ってしまったことに私は言葉を失った。そのときだった。

「あれ、おかしいな」

和也さんが言った。

「僕が兄の部屋に行ってたのはもう二十年以上昔だから、一九九〇年代なんです。これには二〇〇〇年代前半の出来事って書いてある」

確かに年代が合わなかった。サイトの情報が正しければ、和也さんが首を吊る男を見たとき、まだ自殺は発生していなかったことになる。

もしかしたら事故物件の情報提供者が間違えているのかもしれない。しかし、もし間違いなく二〇〇〇年代前半にそこで自殺が起こったのだとしたら……。和也さんの兄のあとか、そのあとに入居した男がそこで首を吊って亡くなったとしたら、和也さんはあの夜、何を見てしまったのだろうか。

私はそれまで、怪異というものについて、過去の残滓《ざんし》がもたらすものだと考えていた。しかしこのケースでは時間が逆流している。

和也さんは耳鳴りに誘われて、一瞬未来を垣間見てしまったのだろうか。

あるいは、そこで誰かが亡くなることが、すでに決定されていたのだろうか。

古い家の子供

築百年を超える京町家に暮らし始めたのは、真史《まさふみ》さんが十代の頃だった。

京都の中心部に位置する神社のほど近く、観光客や人力車でにぎわう表通りから石畳の路地を入ると、古くからの町屋が軒を連ねている。そのうちの一軒である蔵付き総二階の住宅を父が気に入り、祖父母と両親、真史さんの五人で、実家を移す形で引っ越しをした。

家財道具の運び込み、収納、掃除と、引っ越しが一段落するまでは慌しかったが、真史さんと家族はすぐに古い家での暮らしに慣れた。

ある夜、家族揃って座敷で夕食をとっているときだった。

静かな食卓に突然、母親の短い叫び声が響いた。

真史さんが驚いて見ると、母親は部屋の隅を指差した。

そこに音もなく、子供が立っていた。三、四歳くらいの背丈だった。子供は真っ白の着物に白い帯を締めて裸足だった。性別は幼すぎてわからなかった。顔のパーツはあどけない子供のものなのに、能面のようにのっぺりと無表情だった。真史さんたちは誰も何も言えずに子供を見ていた。近所の子供が家に迷い込んだわけではなさそうだった。

しばらくじっと部屋の隅にたたずんでいた子供が、突然、座敷を壁伝いに歩き始めた。角から角へ、座敷の中をぐるぐると回る。

歩みは段々速くなって、やがて目で追うのが難しくなっていった。そしてある瞬間ぱっと姿が消えた。

突然の出来事に家族はおののいたが、どうすることもできなかった。

翌日、母が熱を出した。重い風邪で一週間近く寝込んだ。

真史さんは突然現れた子供と母の体調不良との関連性を考えてしまったが、不安で口に出せなかった。父親は古い家だから人間以外も住んでいるのだろうと、おおらかに言った。

数ヶ月が経った。五人で食卓を囲んでいるときに、再び部屋の隅に子供が立った。子供は何も言わず、何の表情も見せずに、部屋の四隅を駆け回って一瞬で姿を消した。前回とまったく同じだった。翌日、祖父が怪我をした。

その後も子供が現れた翌日には、必ず家族の誰かに些細な不調が降りかかった。

子供が何者で何のために現れるのか、病気や怪我とどういった関係があるのか、想像するだに恐ろしかった。しかし異様な事態も繰り返し起きると慣れが生じ、時が経つにつれて段々と座敷に現れる子供と翌日の不調を受け入れるようになっていった。

もしかしてあの子供は家族に降りかかる災いを教えにきてくれているのではないだろうか。座敷童《ざしきわらし》や神様のようなありがたい存在なのではないか。家族の中で好意的な解釈が生まれていった。


ある夜、久しぶりに子供が現れて、いつものように部屋をぐるぐると回って消えていった。明日誰かが具合を悪くするか怪我をするだろう。慣れてきたとはいえ気が重かった。

父が言った。

「明日、皆で病院に行こう。健康診断を受けよう」

翌日行った病院で騒ぎになった。

祖母の背中に破裂寸前の大動脈瘤が見つかり、即入院の緊急手術になったのだ。

「来てくれてよかったです。危なかったですよ」と医師は言った。

祖母が命に関わる脅威を未然に回避したことで、危機を予告しに現れる子供への信頼はより厚くなった。

存在を無視していたらと思うとぞっとしたし、父が病院に行こうと言わなかったらどうなっていたかわからない。この一連の出来事が祖母を救ったことに間違いはなかった。しかし真史さんはどこか子供に対する恐怖をぬぐい去れずにいた。

祖母が退院してしばらくのあいだ、食卓は平穏だった。家族は誰一人、怪我も病気もせず過ごすことができた。

「あっ！」

叫び声が響いたのは数ヶ月後のことだった。

真史さんが座敷の隅を見ると、予告の子供がそこに立っていた。

その姿を見た瞬間、真史さんの全身に悪寒が走った。

子供は真っ赤な着物を着ていた。そして、能面のようだった表情とはうってかわって、過剰なほどの笑顔を浮かべていた。

子供はゆっくりと部屋の隅から隅へ歩き始めた。

歩が段々と速くなって、目にも留まらない速さで部屋をぐるぐるかけ回り、ふっと消えた。

あきらかにこれまでとは何かが違った。自分たち家族はとんでもないものを慕っているのではないか？

「用心に越したことはない。前のおばあちゃんの件もあるから、明日また皆で病院に行こう」

父が言った。その晩、寝室で祖母が亡くなった。

検死の結果、身体の中で再発していた大動脈瘤の破裂によって命を落としたらしいとわかった。


それから、真史さんの家にあの子供は現れなくなった。

あの子供は、家族の解釈通り、家族に迫る危機を親切に教えにきてくれていたのかもしれない。しかし真史さんには、祖母はあの子供に連れていかれたのだと思えて仕方がないのだという。

三兄弟

花本さんは三人兄弟の次男で、両親も含め五人で大阪の一軒家に暮らしていた。

平和だった花本さんの家でおかしな現象が起きるようになったのは、妹が知り合いにそそのかされてある宗教施設に連れていかれたことがきっかけだった。

特殊な儀式に半ば無理やり参加させられた妹は、変なものが見える体質に変えられてしまった。それ以降、家族ではない何かが家に現れるようになった。

家族で団欒《だんらん》しているときにリビング横の廊下で人間の足だけがくねくねと踊ったり、夜中に変な声が聞こえるようになったりと、家の中がなんとなく物騒になった。

家族全員がそれを認識できたが、だからといってどうすることもできず、怖さ半分、迷惑半分で暮らし続けていた。

花本さんは、幽霊だか妖怪だかわからない怪しげな存在を恐れていつまでも肩身を狭くしていられないと一念発起し、部屋で異音が鳴ったり背後を何かが通りかかったりすると、すかさず追いかけていって怒鳴り付けたり、家から出ていくように説教したりと、強い姿勢を示すことにした。

その効果はてき面で、花本さんが家にいるときはおかしな現象が一切起こらなくなった。

その代わり今度は兄が原因不明の体調不良に悩まされたり、夜中にうなされるようになってしまった。

近所の神社にお祓いを受けにいくと一時は収まるが、気づくとまた原因不明の体調不良に陥る、その繰り返しで過ごしていた。

兄はとても心優しい人柄だった。妹が家に連れて帰り、花本さんがきつく追い払ったものが、兄にすがりついているのかもしれないと思えた。


あるとき花本さんが部屋でゲームをしていると、兄に声をかけられた。

「なあ、ちょっとこれ見てくれへんか。何に見える？」

兄は自分が着ていた白いお気に入りのＴシャツの裾を伸ばして、ほらと言った。

Ｔシャツのちょうど下腹部のあたりに、茶色っぽい汚れが付着していた。それはとても嫌な形をしていた。

「子供の手みたいに見えるな」

「やっぱりそうやんな」

兄はぶるぶると震えだした。

汚れはざらざらとしていて、薄い泥水が染みついたようだった。

「気味悪いわ」

ぼやきながら、兄は自分の部屋に帰っていった。

それから数週間経った頃だった。花本さんが自分の部屋でぼうっと過ごしていると、また兄が声をかけてきた。

「ちょっとやばいかも……これ見て」

それはあの手形がついたＴシャツだった。ただ、以前は腹の下にあった小さな手形がみぞおちのあたりまで移動していた。

「怖いから放っておいたのに、久しぶりに広げてみたらこれや」

兄は顔面蒼白だった。

「兄ちゃん！　こんなんに負けたらアカンって！　こんなん漂白したったらええねや！」

花本さんは兄のＴシャツを洗濯機に放り込み、大量の洗剤を投じてスイッチを入れた。

洗い上がったＴシャツは以前のように真っ白になっていた。

こうして平和が訪れたかに思えた。

しかし数日後、兄の悲鳴が家中に響いた。急いで廊下をかけて兄の部屋に行くと、あのTシャツを広げて腰を抜かしている兄の姿があった。

見ると、Tシャツの首元に手形があった。

その手はどす黒く大きく、異様に長い指が襟元をぐるりと回っていた。

「あかん。俺、首絞められる。もうあかん」

怯《おび》え切った兄の様子に、さすがの花本さんも言葉を失った。

結局、兄は気に入っていたTシャツを捨てた。そしてそれ以上、身に不調や危険が及ぶことはなくなった。

それからも何かが起きれば花本さんが家中どこまでも追いかけて叱《しか》り飛ばした。花本さんの負けん気のおかげで家の中の安全が守られたという不思議な話である。

Y字路の家

花本さんには未だに解せない出来事がある。

大阪南部の高校に通っていた頃だった。

初夏の定期テスト対策のために、当時つるんでいたグループで勉強会をしようということになり、大日《だいにち》に住んでいた大野さんの家に男子生徒五人で集合することになった。

その家は、Y字路の中央にある三角形の土地に収まるように建っていた。

屋内は複雑な造りになっていて、階段をくねくねと上がった三階にある六畳間が大野さんの部屋だった。

大きな机にノートを広げながらもいまいち勉強に身が入らず、あれこれと話していると、大野さんが突然おかしなことを言い出した。

「あのさ、この部屋におると変なことが起こんねん」

普段やんちゃな彼がそんなことを言い出したので花本さんは驚いたが、聞くと、この部屋で布団を敷いて寝ていると、巨大な猫が胸の上を踏んでいったり、脇にある押し入れの襖《ふすま》から腕が伸びてきて、大野さんの身体を冷たい手で触ってきたりと、気持ちの悪いことばかり起きるのだという。

「おまえ、そんなこと言うてビビらせるのはやめろ」

怖い話が苦手な友人は不安がったり怒りだしたりしたが、結局はただの冗談に過ぎないだろうと受け流されて、再びおしゃべりが始まった。

しばらく経った頃だった。友人の一人が、部屋にある洋服簞笥《だんす》をじっと見つめて大野さんの肩を叩いた。

花本さんもつられてそちらを見やった。

それはただのありふれた洋服簞笥に違いなかった。腰の高さほどで、木製の引き出しが四段ついていた。

下から二番目の引き出しの隙間から、じんわりと液体がにじみ出ていた。白くてねばねばとした液体だった。

「なんやこれ……」

大野さんが引き出しに手をかけた。

次の瞬間、全員が小さな悲鳴を上げた。

引き出しの中には、白っぽい粘り気のある液体がなみなみと入っていた。中に服や靴下などが沈んでいた。

液体はまるでとろろのようだった。見れば見るほどとろろにしか見えなかった。

「なんやこれ！　気色悪い」

大野さんは取り乱しながら引き出しを持ち上げて、持ってきたゴミ袋にとろろらしきものをすべて捨てた。見た目もにおいも、観察すればするほど、とろろである。衣類を洗濯機に入れ、風呂場で引き出しについたとろろを洗い流すと、水分をすべて拭き取って空っぽになった引き出しをやっと元の場所に戻した。

皆は大野さんがとろろと格闘するところを呆然と眺めるしかなかった。

わけがわからなかった。大野さんは「こんなことはじめてや」と頭を抱えた。

あまりにも突拍子もないことが起きたあとだからか、五人とも変に冷静になってしまい、気を取り直して勉強を再開した。

テストに出題される箇所を集中して頭に叩き込み、ふうと息を吐いたときだった。

「あっ」

一人が箪笥を指差した。

見ると、先ほどきれいにした箪笥の隙間からまた何かがにじみ出ている。まさかと思ったが、大野さんが慎重に引き出しを開けると、そこにはまたしてもなみなみととろろが入っていた。

いよいよわけがわからなかった。皆で箪笥を隅々まで点検したが、怪しいところはどこにもなかった。大野さんは震える手でゴミ袋の中にとろろを捨て、もう一度引き出しを洗って元に戻した。

結局、その日だけで、合計三回もとろろを捨てた。

そのとろろはどこから来たとろろだったのだろうか。同時刻にどこかの家の擂《す》りたてのとろろが姿を消していたかもしれないし、お腹を空かせた花本さんたちに何者かがとろろを恵んでくれたのかもしれない。

とろろ事件から数ヶ月が経ち、花本さんら友達一同は再び大野さんの家に集まった。

テストに備えてという名目だったが、やはりそれぞれ勉強に身が入らず、噂話をしたりゲームやマンガに没頭したりしていた。

話の流れで大野さんがふと口を開いた。

「そういえば、この部屋あれからも変なこといろいろ起きるねん」

やめてくれと誰かが怯えた声を出した。花本さんはおかしな現象にいちいち驚くのは男らしくないと思っていたので、動揺を隠して話に耳を傾けた。

「さすがに気味悪いねんな。ほんまにどうしよう」

相変わらず押し入れから腕が伸びてきて肩を叩かれたり、押し入れの襖から視線を感じるのだという。肩を落とす大野さんに、花本さんは提案した。

「そしたら、押し入れごとガムテープでふさいでしまったら？」

「ああ、まあ試してみてもええかもしれんな……」

そうと決まれば一気《いっき》呵成《かせい》にやってしまおうということになり、皆で押し入れの目張りを手伝った。ガムテープを使って襖の隙間をふさぎ、さらにその上から押しピンを点々と打った。

「もうこれで大丈夫やろ」

その言葉には何の根拠もなかったが、押しピンを打ち終える頃にはすっかり一件落着した気分になった。そして、小腹も空いたので全員でコンビニにおやつを買いに出かけた。

道中騒いだりふざけたりしながら買い物を終えて帰路につく頃には、先ほど感じていた薄ら寒さはどこかに吹き飛んでいた。

Y字路の家に戻ってきて、ぞろぞろと階段を上り、大野さんの部屋の扉を開けた。

部屋の中を見た友人が叫び声を上げた。

花本さんも友人の肩越しにそれを見た。

部屋中に、さっき襖に張ったはずのガムテープが散乱していた。押しピンもあちこちにはじけ飛んでいた。

家には誰もいないはずだった。

友達の何人かが後ずさりして泣き出した。花本さんはとっさに言った。

「負けたらアカンぞ！　ここでびびったらこいつの思う壺《つぼ》や！」

怯え切りながらも、その言葉をきっかけに全員が部屋の中に入り、散らばった押しピンやガムテープを手早く片付け、何事もなかったかのように机に座り直した。

虚勢を張り、「負けへんで」「かかってこいや」などと口々につぶやきながら、勉強に集中するふりをした。

しばらくすると、大野さんが慌てふためきながら部屋を見回して、ガサガサと物をひっくり返し始めた。

「リモコンがないねん……」

テレビをつけて少しでもにぎやかにしたかったのに、リモコンが忽然《こつぜん》と姿を消しているという。皆で部屋の中をくまなく探したが影も形もなかった。

となると、残すは押し入れの中だけだった。

誰が押し入れをチェックするのか、小さな言い合いになった。

「勇気を出して押し入れを探した者が一番格好いい」

結局、お調子者の友達をそそのかして、押し入れを開けさせることになった。

花本さんたちは部屋の隅に固まり、押し入れの中に上半身を突っ込んで隅々まで懐中電灯で照らしながらリモコンを探す友達の背中を見ていた。しかしリモコンはどこにもなかった。

「あそこの扉、何？」

押し入れの天井を照らしながら友達がつぶやいた。そこには屋根裏に続く引き戸がある、と大野さんが言った。友達は押し入れの上段によじ登った。木の引き戸を開ける音がした。

次の瞬間、悲鳴を上げた友達が滑るように押し入れから脱出してきた。言葉にならない声で何やら叫びながら、屋根裏の方を指差している。

「花本、お願いだから見てきて」

大野さんに頼まれ、恐怖で泣きそうになるのをぐっとこらえながら花本さんも押し入れによじ登り、屋根裏の真っ暗な空間を懐中電灯で照らした。

埃《ほこり》のにおいが鼻をついた。顔のすぐ前に、リモコンが直立した状態で置かれていた。

結局、全員がそれを確かめて半狂乱になり、そして完全に戦意を喪失した。

このときも家には誰もいなかった。誰もこんなことができるはずがなかった。

全員で固まって震えていると、大野さんのお兄さんが帰ってきたので、先ほどの出来事は何も伝えずに、屋根裏からリモコンを取り出してもらった。


その後、大野さんは引っ越してしまい、家があった場所は駐車場になっている。

田中家

大阪府柏原《かしわら》市を東西に流れる大和川《やまとがわ》と、ＪＲ大和路線とのあいだに建つ〝田中家〟と呼ばれる廃墟《はいきょ》は、地元住民でも知る人ぞ知る心霊スポットで、別名〝皆殺しの家〟とも呼ばれ、物騒な噂がささやかれていた。

春樹さんが高校生だった頃の話である。

週末、幼なじみ四人で集合したが、目的も遊ぶお金もなかったので、思いつきで近場の心霊スポットに行くことになった。

「ずっと気になってた場所があるねん」

友達の一人が挙げたのが、田中家だった。

田中家は住宅が建ち並ぶ区画の端にあり、大きな邸宅が立派な塀で囲まれていた。

廃墟とはいえ他人の家に忍び込む姿を近隣住民に見られたくなかったので、暗くなるのを待ってからこっそりと塀を越えて敷地に忍び込んだ。

中は草木が生い茂り、歩くのも一苦労だった。家の外観は一見すると会社の事務所や病院のようにも思われた。

四人は大きな車庫の中を探検したり、窓から家の中に侵入して懐中電灯であたりを照らしながら見回ったりと、何かが起きることを期待しながら探索し続けた。しかし荒れ果てた家の中はヤンキーが書いたであろう落書きばかりで、幽霊の気配はおろか、四人をワクワクさせるようなものは見つからなかった。

廃墟に忍び込むという非日常感にもあっという間に慣れてしまい、数十分もすると「退屈だからもうそろそろ帰ろうか」という提案の声が上がった。

肩透かしを食ったような気分で、四人は河川敷へ寄り道しながらＪＲ高井田駅から電車に乗り、友達の西川さんの実家に向かった。

西川さんの自室に集まった四人はお菓子を食べたりテレビゲームに熱中したりしながら、あれこれとおしゃべりを続けた。夜遅くなるにつれて一人また一人とまぶたが重たくなり、雑魚寝のような形で眠りについた。春樹さんも一日遊んだ疲れが出て、明るい部屋の中でゆっくりと目を閉じた。

ふと起きると部屋の中は真っ暗だった。

喉の渇きを感じ、あたりを見回すと、暗闇の中に友達が転がっているのが見えた。ところがその中に西川さんの姿がない。

おやと思っていると、乱暴に階段をかけあがってくる音がした。春樹さんが身構えると、勢いよく扉を開けて入ってきたのは西川さんだった。

彼は肩で息をしながら、大量の汗をダラダラと流して床に倒れ込んだ。

その異様な様子に気が動転した春樹さんは、周りの友達を起こして西川さんの肩を叩いた。

「おい、どうしたんだよ。大丈夫か？」

荒い呼吸を整えながら西川さんは問いかけに答えた。

「なぁ、俺さっきまでおまえらと一緒にゲームしておやつ食ってそのまま寝たよな」

その質問は、その場にいる全員が「その通りだ」と答えるまで繰り返された。一呼吸おいて西川さんは震える声で言った。

「皆でここで寝てさ、なんか寒くて目が覚めたら、真っ暗なところにおるねん。周りに誰もいなくて埃っぽくて……すぐにわかったんやけど、そこ田中家やったわ」

西川さんは田中家の廃材の中に沈み込むように眠っていたのだという。寝巻姿で裸足の西川さんは、かけ足で駅に向かったが、終電もとっくに終わっていたので、恐ろしくなり数駅分の距離を走って帰ってきたのだと言った。

＊

こんな話もある。

田中家の近くにある中学校に通っていた松尾さんの話である。

中学校でオカルトブームが起こり、近くにある心霊スポットの田中家に皆で行ってみようということになった。松尾さんはじめ男女六、七人で田中家の門を乗り越えたのは平日の放課後だった。

荒れ果てた敷地の中や広い家屋を騒ぎながら見て回り、怪しいものがないか探したり、大きな犬小屋を発見して入ってみたりと一同はハメを外して遊び回った。悪ノリはエスカレートし、誰かが家全体を使ってかくれんぼをしようと言い出した。

じゃんけんの結果、一人が鬼になり、皆は散り散りに屋敷の中に隠れていった。

「九、八、七……」

カウントダウンの声を背中で聞きながら、松尾さんは足音を立てないようにゆっくりと移動して、いい場所がないかあたりを見回した。

記憶はそこで途切れた。

次の瞬間、松尾さんは真っ暗な息苦しい空間で目を覚ました。

記憶が連続しないことと、自分が膝を抱えた姿勢でうずくまっていることにパニックになりながら、身体の上に乗ったものをどかして淡い光源の方へ這《は》って出ると、そこはボロボロに朽ちた押し入れの中だった。

「どこにいたの？」

友人たちは悲愴な声を上げながら松尾さんのもとに近寄ってきた。

「どこを探してもいないから、本当に心配したんだよ」

鬼役の友人だけでなく、皆が口を揃えて言った。

事態が飲み込めない松尾さんは、先ほど自分の身に起こったことを皆に説明した。不可解なことが起こっていたと知ってパニックになった一同は、蜘蛛《くも》の子を散らすように田中家をあとにして、そのまま解散になったのだそうだ。

それから松尾さんは田中家が解体されるまで、土地に近づくことすら避けていたという。

大きな皿

葵《あおい》さんは東京の大学に進学して一人暮らしを始めてから、料理の時間が好きになった。課題やアルバイトに追われる暮らしの中で、自分が食べたいものについて頭を巡らせながら黙々と台所に立っているあいだは、何にも邪魔されずにほっとできるしばしの休息の時間だった。

ある夜のことだった。葵さんは食事を作り、食べ、皿洗いまで終えたあと、きれいになった食器を食器棚に戻していた。

大きな皿を布巾で拭き上げ、頭上に持ち上げた瞬間、重さで指先が滑った。

部屋中に取り返しのつかない音が響いた。

それは葵さんがとても大事にしていた皿だった。その家から引っ越したとしても、将来どこでどんな風に暮らしても、きっと使い続けるはずだった。

拾い上げた皿は、ちょうど半分に割れていた。半円の断面は測ったように真っ直ぐで、細かな凹凸さえなかった。

おかしなことに、皿のもう半分が、部屋のどこを探しても見つからなかった。

そんなはずはないだろうと葵さんは思い、ソファの下や冷蔵庫の隙間を覗き込んだり、絨毯をめくったり、ゴミ箱をさらったりした。しかし、陶器のかけらや粉のようなものさえ落ちていなかった。

葵さんの皿の半分は、どこに行ってしまったのだろうか。

ただ、葵さんは自分でもどうしてそう思うのかわからないが、いつか自分の人生のどこかで姿を消した半円の皿が現れるような気がしているという。

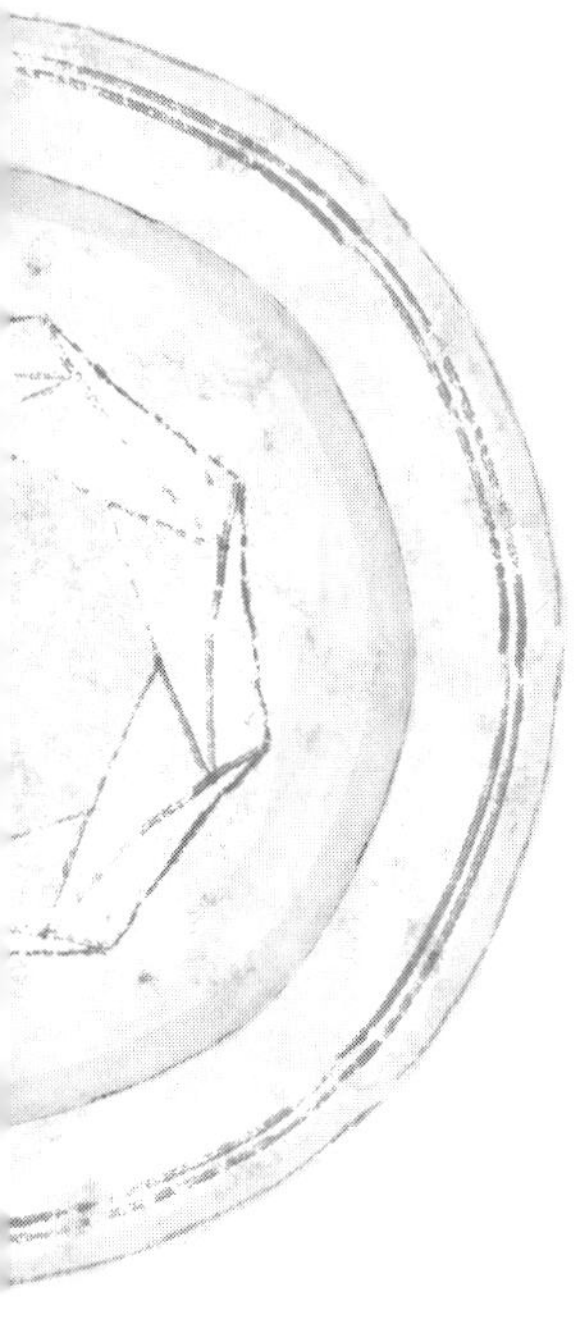

羽の向こう

沙耶《さや》の家にはトイレが二つある。

一階は両親が営む会社の事務所、二階が住居になっていて、各階に一つずつトイレがある。沙耶は幼い頃、一階のトイレに入るのがとてつもなく嫌だった。

暗いところが怖かったからとか、使い心地が悪かったからではない。何かがそこにいたからなのだ。

トイレのドアを開けると、数歩先に洋式トイレがある。正面向かいの壁に換気扇があり、その羽の向こうから、ゴリラがこちらを覗き込んでいた。

ゴリラは羽の隙間から太い指を出しながら、真っ黒い顔をこちらに押し付けていた。黒い瞳がらんらんと輝き、いつまでも沙耶の姿をじっと見つめていた。

換気扇の紐《ひも》を引いてプロペラを回すと、ゴリラの姿は見えなくなった。幼い沙耶はトイレに入るなり、一目散に換気扇の紐を引いた。それからでないと用を足すことができなかった。

大人にはわかってもらえなかった。どんなに不安や恐怖を訴えても、子供の戯言《たわごと》だと思われて「大丈夫、ゴリラなんていないよ」と繰り返されるばかりだった。

沙耶が久しぶりにそんなことを思い出したのは、地元から離れた大学に入ってしばらく経った頃だった。

一人暮らしのアパートに友達が数人遊びにきて、鍋を囲みながらゲームをしたり噂話に興じたりしていたとき、話の流れで一人ずつ順番に怪談や自分にとって怖いものについて語ることになった。そのうち自分の番が来たが、沙耶はそれまで怪談などちゃんと聞いたこともなかった。

どうしようかと迷いながら記憶を遡っているうちに、あのトイレの換気扇が蘇《よみがえ》ってきたのだった。

友人たちはトイレの中の幽霊を待ち構えていたのに突然ゴリラが登場したので、大笑いしたり戸惑ったりしていた。沙耶も半分笑いながら、本当に怖かったんだって、と訴えたが、結局当時の恐怖をきちんと受け止めてはもらえなかった。

いったいあれはなんだったのだろう。

幼い頃に見た幻だったとしても、思い返すと寒気がした。沙耶が背伸びをしてトイレの扉を開けるのを、換気扇越しにゴリラはいつでも待ち構えていた。

それから少しして沙耶は実家に帰省した。

家事をする母の手伝いをしながら、ふと先日の友人たちとのやりとりを思い出した。

「お母さん、私が小さい頃、ここのトイレにゴリラがいるって言ってたの覚えてる？　私、本当に怖かったんだからね」

母は一瞬なんのことかわからないという顔をしたあと、笑い始めた。

「えっ、ゴリラ？　ごめん、どんな話だっけ」

すっかり忘れてしまっているようだったので、沙耶は改めて話をした。一人で一階のトイレに入ったときに現れるゴリラ。隙間からねじ込まれた太い指、こちらをじっと見つめる目、真っ黒な肌。

笑いながら聞いていた母の表情が段々と変わっていくような気がした。話し終わる頃には、母は口を押さえてうつむいてしまった。

「お母さん、お母さん？」

沙耶が声をかけると、こんな話を始めた。

「言う必要もないと思って黙っていたんだけど、実はあなたにちゃんと話してなかったことがあるの」

「なんのこと……」

「この家を建てる前ね、昔ここに大きなお屋敷があったの。あるときそこで大きな火事が起きてね、全焼だったのよ。その後、土地が売りに出されて、お父さんもお母さんも気にしなければいいと思って買ったけれど、あなたが見てたそのゴリラって……。幼いあなたはゴリラだと思ったのかもしれないけれど、それってもしかして……」

それ以上、聞きたくなかった。覗き込んでいたものの正体を書き換えたくはなかった。

沙耶は今でも、扉を開ければ換気扇の向こうからこちらを覗くまなざしと目が合ってしまうのではと思い、一階のトイレを使えないという。

カラーひよこ

夏祭りの屋台でカラーひよこを釣ったのは、いずみさんが中学生のときだった。

弱い個体が多いと言われる中、ひよこはすくすくと大きくなった。鮮やかな着色はすぐに剥《は》げ、きれいなクリーム色の羽が現れると、やがて立派なトサカが生えた。

鶏になってからも車庫に置いた手製の檻《おり》に入れ、家族で可愛がっていた。

肩を揺すられて目を覚ましたのは午前三時過ぎだった。

いずみさんは二階の自室で眠っていた。枕元には母親が座っていて、焦ったように起きて起きてと繰り返していた。

「お母さんね、さっき夢を見たの」

それは車庫のシャッターを老婆がこじ開けて入ってくる夢だったという。痩せぎすの身体は白い着物を着ており、ひと目見ただけで母はその邪悪さにおののいたという。

「もしかしたら家に泥棒か何か入ってきたのかもしれん。お願い、一緒に見にいって」

　いずみさんの母親は普段から人が死ぬのを言い当てるような勘が働く人だったので、その言葉にいずみさんも少なからず動揺した。

　二人で足音を立てないように真っ暗な階段を降り、車庫へ続く扉をそっと開けた。

　そこには誰もいなかった。ほっと胸をなで下ろしたのも束の間、ふと足元に風を感じた。車庫のシャッターが三センチほど開いていた。施錠せずに眠ることなど普段ならありえない。いずみさんは急いでシャッターを降ろして鍵を閉めた。

　そのとき母親が大声を上げた。

　檻の中の鶏が、血を流してぐったりと倒れていた。身体に触ると、すでに息絶えて冷たくなっていた。

　蛇かイタチがシャッターの隙間から忍び込んできて、檻の中にいた鶏は抵抗すらできずにやられてしまったのだろうか。可愛がっていた鶏の死が悲惨なものになってしまい、悲しさと申し訳なさで、二人は涙を流して手を合わせた。

　亡骸《なきがら》は明るくなったら庭に埋めてあげようと慰め合って、いずみさんと母親は自室に戻った。

再びいずみさんが揺り起こされたとき、外はまだ暗かった。

枕元の母親は言った。

「ごめん、いずみ、また夢を見てん。あの老婆がまた車庫のシャッターから入ってきてん。この家の中にまだあの老婆がおるはずやねん」

不穏な言葉に眠気も吹き飛び、再び二人で一階に降りた。

車庫には誰もいなかった。しかし、先ほどしっかりと施錠したはずなのに、シャッターが細く開いていた。

いずみさんはそれ以上に戦慄するものを見た。鶏の檻の中にあった亡骸が跡形もなく消え失せていた。

亡骸を檻から取り出すには、金網の隙間から引きずり出さなければならないはずだった。そんなことができるとしたら、やはり蛇だろうか。生き物の気配を探して車庫中を点検したが、いずみさんと母親以外は何もいなかった。

翌朝、いずみさんは、ほかの家族に鶏の不審な死を報告するべく一階に降りた。先に起きていた祖母におはようと挨拶をすると、祖母が無言で振り向いた。

その顔がおかしかった。顔の肉がぐぐぐっと上部に引き攣《つ》って、目も口角も頬《ほお》もつり上がっていた。まるで別人のような顔立ちになっていた。

いずみさんはその瞬間に獣のようだと感じた。

祖母はぼうっとして、意思疎通がまったく図れなかった。いずみさんが戸惑っていると、起きてきた母親が「神社に行こう」と言った。

いずみさんと母親で、祖母の身体を支えて近所の神社を訪ねた。

神主さんは祖母を見るなり言った。

「狐《きつね》が入っています」

そのまま祖母は神社の中に案内され、長い時間をかけてお祓いを受けた。

戻ってきた祖母はいつもの表情に戻っていた。しかし、先ほどまでの出来事については、何を尋ねても記憶にもやがかかっていると言うばかりだった。

いずみさんの鶏が何に殺されてしまったのか、亡骸がどこへ行ったのか、わからないままだ。

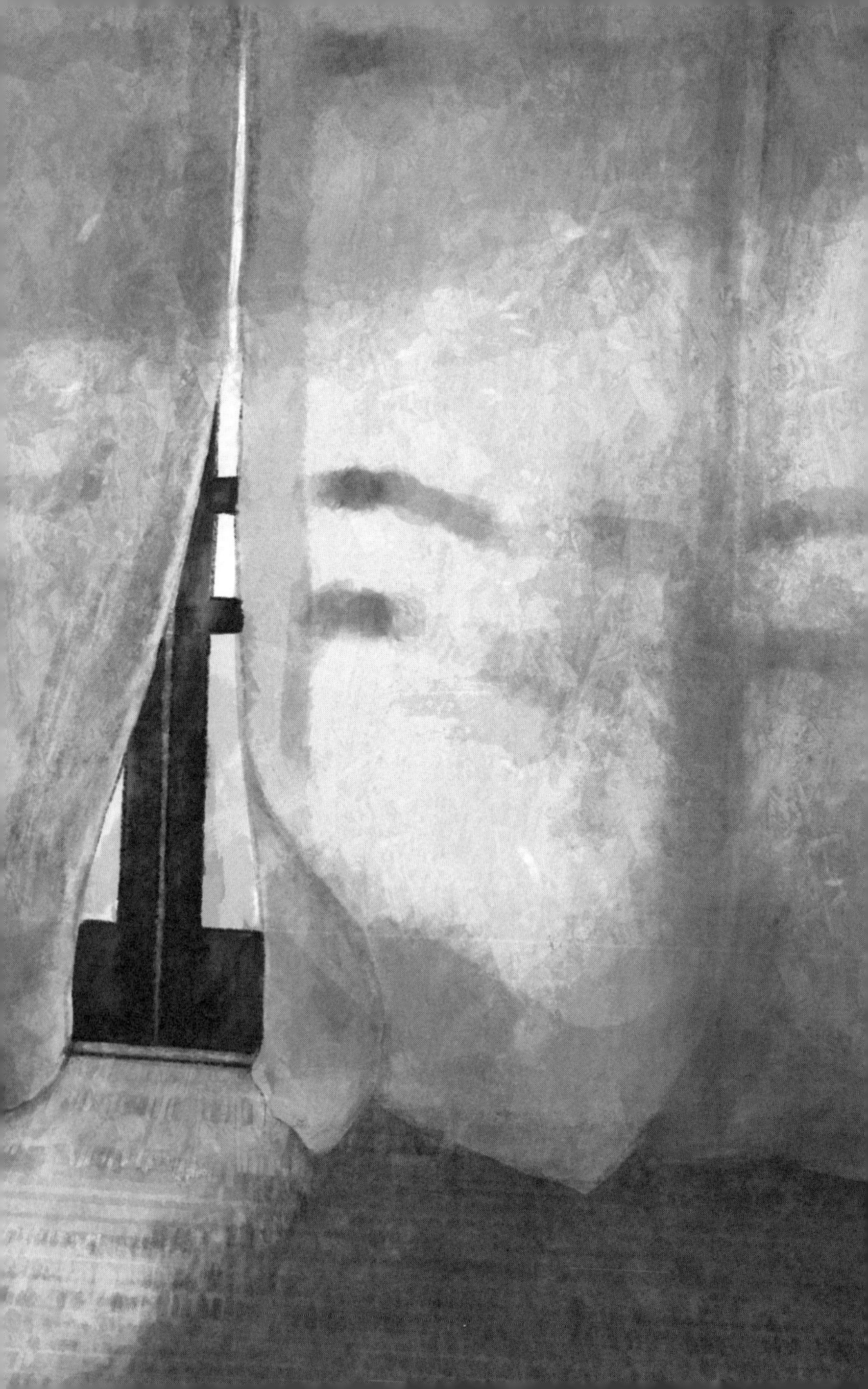

施設の怪

アニメーション

滋賀県の高校に通っていた井川さんの話。

高校二年生の春を過ぎた頃、初夏の文化祭に向けてクラスごとに模擬店や出し物などを企画することになった。

クラスでやりたいことを話し合った結果、粘土の人形を使ってコマ撮りのアニメーションを作ろうということになった。

そうと決まれば、やることは山ほどあった。短いアニメーションでも、ストーリーとコンテを書き、人形と背景を粘土で何パターンも作り分け、照明や機材のコンディションを整えなければならなかった。

制作の工程を考えるとギリギリのスケジュールだったが、クラスで役割を振り分けて、授業や部活が終わったあとも連日夜遅くまで残ってアニメ作りに励んだ。

映像が完成したのは、文化祭の前日だった。

予定よりも少し遅れたが、後は音楽と声を乗せるだけだった。

音声を担当していたのは男女五人の生徒で、その中に井川さんも入っていた。

時刻はすでに夜九時を過ぎていた。校舎の外れにある視聴覚室に担任の男性教師も含めて集合し、キャラクターの声を吹き込むことになった。

慣れない手つきではあったが、プロジェクターでスクリーンに映像を投影する準備を整えて、集音マイクを録音機器に繋《つな》ぎ、皆で机の上のマイクを囲んで発声のテストをした。

担任はヘッドフォンでチェックしながら、聞き取りやすい音になるようマイクの感度を調節した。

録音用テープの準備も終え、いよいよ録音が始まった。息を整えて、出来たての映像とセリフの紙を交互に見ながらキャラクターの声を吹き込んでいった。

誰もつっかえることなく、無事に三分ほどの台本を読み終わった。井川さんたちはふうと息をつきながら録音機材の横にいる担任を見た。

担任の顔色がおかしかった。

ヘッドフォンをこわごわと外す手が震えていた。

「おまえたち、ちゃんと喋《しゃべ》ってたよな?」

井川さんは担任の言葉の意味がよくわからなかった。担任は続けた。

「お、おまえたちが喋ってる口の動きと、先生のヘッドフォンから聞こえてくる声が違うんだ」

担任は録音機材からテープを取り出して、ステレオに入れ直し再生ボタンを押した。

テープがゆっくりと回り出し、やがて環境音が入り始めた。

「えー、発声のチェックです。村人役の井川です。チェック、チェック」

はじめにテストで録音した五人の自己紹介が入った。キャラクターの声色を真似たり、台詞を読み上げたりする自分たちの声だった。

〝プツッ〟

ノイズが入り、少しの間のあと、アフレコ部分の音声が始まった。

それは先ほどと同じく自分たちの声だった。そうに違いなかった。

しかし聞こえてきたのは、台詞ではなく笑い声だった。

全員がきちんとキャラクターの声を演じていたはずだった。

自分や友人の気が狂ったような笑い声が視聴覚室に響き続けた。全員が引き攣《つ》った表情で顔を見合わせた。音声は唐突に終わり、言葉を失った一同の沈黙があたりを包んだ。

担任は手早く別のテープを用意した。

「さっさと録って、早く帰ろう」

録り直したテープには、キャラクターを演じる自分たちの声が少しの淀みもなく収められていた。

こうしてクラスのアニメーションは完成した。作品は快心の出来だったが、井川さんたちにとっては忘れられない思い出になってしまった。

研究所

加藤さんが勤務していたのは、化学の先端を行く研究所だった。

そこは国内でも優秀な研究者が集まる場所で、主に官公庁や大手企業からの依頼を受けていた。数名から数十名で構成されるチームで一つの研究にあたるが、現場は激務そのものだった。人員と時間が限られる中で求められる結果を出さなくてはならないプレッシャーは重く、やりがいはあったが心身ともに負担のかかる仕事だった。

あるとき、加藤さんが属していた部署からミスが出た。

一つの失敗も許されない厳しい仕事だったため、研究所にも大きな影響が広がった。やがて部長が責任を感じて精神病を患った。しばらくは療養しながら仕事にあたっていたが、あるときとうとう研究所の階段で首を吊った状態で発見された。

加藤さんをはじめ研究所の職員は大変なショックを受けた。

しかし仕事の手を止めることは許されなかった。きちんと喪に服す時間も与えられないまま、仕事は次から次へとやってきた。

部長の死から数ヶ月が経つと、研究所内に噂が流れ始めた。

〝一階の廊下に部長が立っているのを見た〟

〝階段の踊り場で部長のような人を見かけた。首にはロープが巻かれていた〟

多くの職員は相手にもしなかった。根拠のない噂に耳を傾けるなど時間の無駄という風潮は研究所全体にあったし、あまつさえ世話になった部長の死に関することである。加藤さんも耳を貸さないようにしていた。

しかし噂はどこからか持ち上がり、絶えることがなかった。

季節が変わったある日、産休を取っていた女性職員が復職にあたり挨拶にやってきた。女性職員は四歳と一歳の子供を連れていて、その愛らしさに部署の雰囲気はぱっと明るくなった。

女性は上層部と短い面談の予定があったので、加藤さんはそのあいだ四歳の子供を預かると申し出た。

子供は慣れない環境に緊張している様子だったが、加藤さんが手を引いて研究所を案内すると次第に笑顔を見せるようになった。

「いい天気だから、お兄ちゃんと中庭に行って遊ぼうか」

加藤さんの提案に子供は笑顔でうなずいた。

手を繋いで長い廊下を渡り、突き当たりの扉を開けて陽が差す中庭に出たときだった。

子供が加藤さんの足にしがみ付いてきて、火がついたように泣き始めた。

「どうした？　どうしたの？」

慌ててなだめたが効果はなかった。子供はパニック状態になり、廊下を指差してしゃくり上げた。

「こわい！　こわい！」

「大丈夫、怖くないよ」

加藤さんの言葉に子供は首を横に振った。

「おじちゃんがいるよ。こわいよ！」

確かにそう言った。そこは部長が立っていると噂にのぼる廊下だった。

廊下を指差す子供を目の前にすると、にわかに冷たいものが背筋を伝った。

子供はいつまでも泣きやまず、加藤さんは子供を抱き上げて女性職員の元へ戻った。

その晩、加藤さんに女性職員から電話があった。

「今日は長男の面倒を見ていただいてありがとうございました。とても助かりました。きちんとお礼も言えずじまいですみません」

「いえ、こちらこそ泣かせてしまってすみません」

「気にしないでください。加藤さんのせいではありませんから。長男はいろいろ変なものが見えやすいみたいで……さっきやっと落ち着いたんです。でも、加藤さんも幽霊が見える方だったんですね。意外でした」

加藤さんは面食らった。

「いえ、僕は幽霊などは見えませんよ。むしろ懐疑派です」

「え、そうなんですか？　長男が言っていたんです。加藤さんと手を繋いでお庭に連れていってもらうときに、廊下の真ん中に首が変になっているおじちゃんがいて、怖い怖いと思っていたら、おじちゃんの横を通るときに加藤さんが大きく身体をひねって避《よ》ける動きをしたって。だから加藤さんにも見えているのだと思って、すごく怖くなったって」

あのとき廊下には何もいなかったし、何も感じていなかった。そのはずだった。

翌朝いつもより早く出勤した加藤さんは、件《くだん》の廊下の端に立って、出勤してくる職員たちの様子を観察した。昨日、子供が発したという言葉に根拠はあるのか気になったからだった。

人々はぞろぞろと長い廊下を渡っていった。そして誰もが一様に、ある地点を避けていた。弾かれるように人が避ける一点の空白は、人ひとり分ほどの大きさだった。

目を疑ったが、話の通りだった。その空白の中に、女性職員の子供は部長の姿を見たはずだった。

誰も空白を気に留めず、その空間を見やることもない。しかし、一様に身体をねじったり、歩く方向を変えたりして避けていく。

加藤さんには何も見えはしないが、そこに何かがあるという確信がじわじわと胸に迫ってきた。

現実には、未《いま》だに人が計りきれないものが存在しているのだ。

この一件以降、加藤さんはそう信じるようになったという。

回廊

丹心《たんしん》園は地方都市の外れに建つ老人介護施設で、自宅で介護しきれない高齢者や、一人で暮らしていけなくなった独居老人の終《つい》の住処《すみか》として地域に根付いていた。

由利さんはそこで介護士として働いていた。利用者の身の回りの補助、健康管理、話し相手、書類作成など仕事は多岐にわたり、絶えず目配りを求められ、勤務はシフト制で八時間交代だったが、施設を走り回っているあいだに一日が過ぎていた。

週に二日ほど夜勤に入るときは、昼間の慌ただしさとは別の緊張感があった。

施設に入居している利用者は持病などで夜に安眠できない人が多く、精神的に不安定になったり、体調が悪化しやすかったりするので、消灯後の施設をくまなく観察して回る必要があったのだ。

その夜は由利さんのほかに、女性の先輩介護士とベテランの看護師が一緒だった。

夜の申し送りを終えて、夕食と投薬の介助をしたら、午後九時には施設の照明をすべて落として利用者たちに眠ってもらう。家に帰りたいと訴える認知症の男性には、ご家族が迎えにくるまで横になっていてくださいと頼んでベッドに腰かけてもらう。産まれたばかりの娘がいないと不安がる女性には、本物の赤ちゃんそっくりの人形を渡してお守りをしてもらいながら、お母さんたちのお部屋はこちらですよと言って相部屋に案内する。看護師は利用者全員分の健康状態を記録し、翌日の薬を用意する。

皆が安眠を迎えるためのルーティンはつつがなく終わり、朝からにぎやかだった施設はしんと静まりかえった。

事務所で遅い夕食をとった三人は、今夜の仮眠の順番を決めた。ベテランの看護師が最初で、その次が先輩の介護士、由利さんは最後だった。

由利さんと先輩は二人でこそこそと噂話をしたり、どこかの部屋から声が聞こえてきたら、顔を見にいって話し相手になったりした。そうしているうちに巡回の時刻が来た。

夜勤の職員は、二時間ごとに暗くて広い施設を回り、すべてのベッドを点検して利用者が体調を崩していないか、亡くなっていないか確かめる必要があった。由利さんにとって巡回はとても心細い時間だったが、仕事である手前、平気な顔を作らなければならず、毎回恐怖をこらえながら歩いていた。

巡回用の懐中電灯をつけて、非常口の緑色のランプが灯る廊下の端の部屋から順番にチェックしていく。一人ひとりの寝顔を覗《のぞ》き込み、呼吸を確認して、音を立てないように部屋をあとにしたら、階を移動してロビーや食堂も隅々まで点検し、残りはドーナツ型の回廊式廊下を残すのみとなった。

回廊式廊下とは、認知症を抱えて徘徊する利用者が、いつまでもはてしなく歩き続けられるようにと設計されたもので、国内でも二〇〇〇年代初頭まで推奨されていたが、人道的ではないという理由で廃れたのだった。

由利さんはこの人間味のない機構が苦手だった。

丹心園の回廊式廊下は、職員の足で一周二十秒ほどの長さだった。入り口がゆるやかなスロープになっていて、内側が壁、外側には規則正しく窓が並んでいた。

懐中電灯で隅々を照らしながら三分の二ほど歩いたときだった。

どこからか気配と音がした。何かを引きずるような連続した音だった。

由利さんには聞き覚えがあった。高齢者のおぼつかないすり足の音だ。

しかし利用者は回廊があるフロアに夜は入れないようになっていた。それに、ついさっき全員がベッドに入っている姿を確かめたはずだった。

由利さんは事務所に帰りたくてたまらなくなったが、もしも利用者が迷い込んでいた場合を考えると放っておくわけにはいかなかった。

由利さんは回廊を一周して姿を探した。すり足の音は聞こえるが、姿が見当たらない。ならば、反対側にいるのだろうか。由利さんは再び探し始めた。

しかし短い回廊を何周しても利用者の姿はなかった。それなのに足音は同じ空間から響き続けた。由利さんは歩調を速めたが追いつくことができない。それどころか、後ろをついてきている気がした。振り返っても、誰もいなかった。

そうだ、先輩にも来てもらおう。

由利さんは一旦、捜索をやめて事務所に戻った。

「巡回ありがとうございます。時間がかかっていたけど、何かありましたか?」

問いかけてきた先輩に由利さんは先ほどの出来事を伝え、二人で捜索にいきましょうと言った。先輩は何かを言いかけたが、席を立った。

回廊はしんと静まりかえっていた。由利さんと先輩の二人でゆっくりと一周したが、ただ無機質な空間が広がっているだけだった。先輩が言った。

「実は、同じことがこれまで何度もありました。大丈夫だから、今後は気にしないように」

丹心園は要介護の症状が重い高齢者の終の住処だ。認知症を患っている人の中には、どうして自分は知らない場所にいるのかと戸惑いながら家や家族を探し続ける人も少なくない。亡くなってもなお、どこかに行こうと回廊を歩き続ける人は、いったいどんな気持ちでさまよっているのだろう。

　この夜勤以降、由利さんは回廊へ足を踏み入れるたびに、こっそりと手を合わせるようになったという。

ビジネスホテル

優子さんには忘れられない旅行がある。

高校卒業後も仲のよかった友人と三人で、九州を旅したときのことだ。

当時は全員二十歳を過ぎたばかりで、とにかくたくさんの観光地を回って遊びたかったので、ゆっくりと羽を伸ばす時間よりも、外出に重きを置いて予定を立てた。ホテルも安かろう悪かろうで構わなかったので、博多区の雑居ビルの間に立つ格安のビジネスホテルを三人一部屋で予約していた。

福岡空港に降り立った三人は、目が回るようなスケジュールでわいわいと観光した。

暗くなる頃にはくたくたになっていたので、中洲《なかす》へ飲みに出る前に一旦ホテルに立ち寄って、休憩がてら荷物を置いていくことにした。

外観からして年季の入ったホテルに入ると、フロントマンが愛想よく出迎えてくれた。

受付を済ませて九階の部屋の鍵をもらい、小さなエレベーターに乗り込んだときだった。

「や、やばいやばいやばい」

急に友人の舞が焦り出した。

優子さんは何事か聞いた。しかし、彼女はうつむいて首を振り、答えようとしなかった。

体調不良や忘れものではなさそうだった。

エレベーターが九階に到着し、九〇五のドアの前に立つやいなや、舞はつぶやいた。

「ここで良かった」

震える手で部屋の鍵を開けた。

エレベーターに乗り込んでから、舞はあきらかに挙動不審だった。

目がそわそわと泳ぎ、口数が減った。何よりおかしいのは、急に優子さんにぴったりと身体を寄せてきたことだった。

嫌な予感がした。舞には何か見えているのかもしれない。

以前、本人から少しだけ聞いたことがあった。舞自身は決してひけらかすことはないが、物心ついたときから見える体質なのだと言っていた。

もう一人の友人亜美も、舞の様子に怪訝《けげん》な顔を浮かべていた。

とにかくどこかへ移動した方がよさそうだった。逃げるようにホテルを出て、にぎやかな屋台に入った。

酒も入り、おいしい料理を前にすると、少しだけ緊張がほぐれた。

優子さんと亜美は、思い切って舞に尋ねてみた。

「ねえ、ホテルで何が見えたの？　どんなのがいたの？」

舞は激しく首を振り、目で何かを訴えかけた。

「平気だから教えてよ、一人で秘密にしないで教えてってば」

二人でいくら頼んでも、舞は口を開こうとしなかった。

言えないほどのものが見えていたというのか。詳細を隠されるとよりいっそう不安が増した。

「もういいでしょ、言ってよ！」

語気を強めると、舞が切羽詰まった声を漏らした。

「もう！　今もいるの！　ここに！」

優子さんと亜美は息を呑み、何も言えなくなってしまった。

ホテルに帰るのが怖くなり、三人は何軒か飲み歩いた。その間も、舞は優子さんの身体にぴったりと寄り添った。何も言いたがらないが、優子さんの左半身に隙間を作らないようにしているのはあきらかだった。

ホテルに帰った三人はできるだけ考えないように早々に眠ってしまうことにした。シングルベッドが三つくっつけられた大きなベッドだったが、眠るときでさえ舞は優子さんに身体を寄せて離れなかった。長く寝苦しい夜だった。

ふっと舞が優子さんから離れたのは、帰りの飛行機に乗り込んだときだった。

ほっとしたようなため息を漏らす舞に二人は尋ねた。

「ねえ、どんなものが見えてたの？　教えてくれないとずっと気になっちゃうよ」

窓の向こうの福岡の街がどんどん遠くなっていた。

「わかった。もう大丈夫になったから言うね。エレベーターに乗った瞬間、優子の真横に女の人が立ったの。優子と同じ方向を向いて立っているけど、目玉だけは優子の顔をずっと見てた。そして手に包丁を持ってたの。ずっと優子を追いかけて横に並ぼうとするから、間に入ってたんだよ。もし私が気づいてなくて、女の人が優子を刺してたらどうなっちゃったんだろう。何も起きずに済んでよかった。なんで優子が標的だったのかは、わかんないけど……」

舞はぽつりぽつりと話した。

博多の街は楽しかった。けれど、あの一度だけでいいと優子さんは思っている。

僧侶とホテル

日本の伝統芸能の一つに、仏教の教えを和歌に乗せて唱える御詠歌《ごえいか》がある。その京都大会が開催されるにあたり、主催する寺の宗派に属する僧侶たちが大勢召集され、会場の大型展示場に隣接するホテルに泊まり込みで運営の手伝いをすることになった。

僧侶の田原さんは、運営が用意したツインルームの寝心地のおかげで具合が優れなかった。

もう二日連続でひどい金縛りに遭っていたのだ。

僧侶という職業柄、恐怖は感じなかったが、何か引っかかるものがあった。

「私が泊まっている部屋って何かあるんでしょうか」

田原さんはフロントで尋ねた。

「いえ、何もないですよ」

従業員ははっきりとそう答えた。

その晩、ツインルームのベッドで目を閉じていると、またしてもひどい金縛りが始まった。

首から下が鉛のように重くなり、まったく動かすことができない。苦しさに呻《うめ》いていると、身体の真横で何かが蠢《うごめ》く気配がした。

田原さんはじりじりと首を動かしてそちらを見やった。

目線の先には、二台のベッドのあいだを繋ぐ小さな机があった。

それはすぐそばにいた。四つん這《ば》いの人間が、机の引き出しに頭を突っ込む姿でうずくまっていた。田原さんはそこから目が離せなくなった。

その人間は鈍い動きで引き出しから首を抜き始めた。後頭部や耳が薄闇の中に現れる。

やがて弛緩した男の顔が現れ、ゆっくりとこちらを向いた。

田原さんはまぶたにぎゅっと力を込め、男から顔を背けた。

次の瞬間、衝撃とともに異様な重みを感じた。

驚いて目を開けると、息がかかりそうなほど近くに男の顔があった。

男は四つん這いの姿勢のまま、田原さんの身体の上に移動していた。

怖い。田原さんはパニックになった。息苦しさで読経もできない。

昨日一昨日の金縛りもこの男が影響しているのだろうか。

しばらく耐えていると、やがてふっと身体の上から重みが抜けた。同時に全身の自由も戻っていた。


「別室に移動させていただけますか？」

朝になり、田原さんはフロントに昨夜の出来事をつまびらかに伝えた。

従業員はしばし絶句し、やがて口を開いた。

「実は……昔、あの部屋で自死をされた方がおられるんです。申し訳ございません。お部屋を変えさせていただきます」

その夜から、金縛りに遭うことはなくなった。

男は何を訴えるために、田原さんのもとに現れたのだろうか。

雨音

夏の夜だった。横山さんは仕事終わりに友人たちと合流し、車の後部座席に乗り込んだ。自動車の整備工場で一日働いたあと、仲のいい友人と呑みに行ったり遊びに出かけたりするのが横山さんの習慣だったが、この日連れていかれたのは、大分県の郊外にあるラブホテルの廃墟《はいきょ》だった。

そこは心霊スポットとして知る人ぞ知る場所だった。

車を降りて三階建てのラブホテルに近づいてみると、ハリボテの装飾は色あせ、壁の至るところに亀裂が走っていた。雑草をかき分けて入り口の扉から建物内に入ると、内部は少し古めかしいものの、思いの外きれいに片付いていた。

懐中電灯を持った横山さんたちはふざけながら探索を始めた。

客室の扉には鍵がかかっていなかった。中に入ってみると、それぞれの部屋に凝った家具や装飾が残されていて、営業していた当時の外連味《けれんみ》ある華やかな雰囲気が窺《うかが》えた。

一階の客室をすべて見終えて、一同は二階へと階段を上った。二階は一階に比べて部屋の広さや高級感が増しており、ベッドや家具などはそのまま使えそうなものも多かった。

それにしても廃墟の探検にきたのに、肝試しになりそうなおどろおどろしさはどこにもなかった。小心者の友達さえも廃墟の雰囲気に慣れてはしゃいでいた。

「どうしようか？　三階にも行ってみる？」

そう話しながら、二階の廊下の突き当たりにある最後の部屋に足を踏み入れたときだった。

突然、猛烈な大雨が降り出して、ホテル外壁や屋上に雨粒が激しくぶつかる音がした。

今日は一日晴天の予報だった。先ほどラブホテルに侵入したときも星空が見えていた。

どこかで水を撒《ま》いているのかとも思ったが、雨音としか形容できなかった。

雨は轟々と降った。あまりの雨音に横山さんは身じろぎして、部屋のドアから廊下の外に出た。

しんと、嘘のように雨がやんだ。

奇妙に思って、もう一度部屋の中に足を踏み入れると、また豪雨が降り出した。

いったい何が起きているのだろう。横山さんは客室の窓から外を眺めた。

夜空には星が光り、窓には水滴一つ落ちていない。

にもかかわらず横山さんの耳には、降りしきる雨の音が聞こえていた。

「横山、何してるんだよ」

部屋を行ったり来たりする横山さんの挙動不審を友人が笑った。

「だってこの雨、変だろう」

「雨って？」

友人の耳には雨音が聞こえていないようだった。

「おまえ、取り憑《つ》かれたんじゃないの」

皆が横山さんのことをからかって笑った。

横山さんの耳には、打ち付けるような雨音が部屋を出るまで響き続けていた。

あれはいったいなんだったのだろう。かつて降った雨の音が、その部屋の中にだけいつまでも留まり鳴り響いていたのだろうか。

普段、何も見たり感じたりしない横山さんにとって、その夜の体験はとても鮮烈に記憶されている。

古民家喫茶

門田さんがはじめてアルバイトをしたのは京都市内の大学に入学した年の五月だった。

バイト先は実家と大学のあいだにある古民家を改装した喫茶店で、昼はカフェ、夜はバー営業をしており、中年のマスターが一人で営んでいた。

門田さんは夕方から夜にかけての時間帯で雇われ、週に四日ほど働くことになった。

はじめこそ緊張したが、優しいマスターと常連客のおかげですぐに仕事を覚えた。

時給も学生にとっては申し分なく、門田さんは運の良さを噛《か》み締めていた。

ただ、少しだけ気になることがあった。

扉を開けたお客さんが、店内を見るなり帰ってしまう。

あるいは、カウンターでコーヒーを飲んでいた人が突然「奥に女の人が消えていった」と言うなり席を立ってしまう。そんなことが時々あった。

門田さん自身もおかしな体験をした。

営業終了後、カウンターに腰かけてレジを締めていると、入り口の扉に取り付けたベルがチリンチリンと鳴るので「もう終わりなんです」と顔を上げたが、そこには誰もいなかった。

「マスター、この店って何かあるんですか？」

「大丈夫、そんなものあるわけない。気にしなくていい」

門田さんが尋ねても、マスターはそう言うばかりだった。

じわじわと不安が育っていったが、大学が夏休みに入って気が楽になったこともあり、その気持ちも薄れていった。

その日は、夕方になってもうだるような暑さだった。門田さんは喫茶店に出勤するために自転車を漕いでいた。

店のすぐそばの交差点で赤信号にかかった。停車しながらあたりを眺めると、陽炎《かげろう》が揺らめく交差点の向こうに人が立っているのが見えた。

つばの広い帽子を被り、白っぽい服を着ているその女性は、まるで一時停止したように微動だにせず笑顔でこちらを見ていた。

交差点に進入した車が過ぎていくと、女性の姿は消えていた。

いよいよ気味が悪くなってきた。お客さんたちから断片的に集まってきた女性の特徴と一緒だった。それが自分を出迎えるように笑っていたのだ。

門田さんはマスターには申し訳ないと思いつつ、辞めどきを考え始めた。

これ以上、この店に関わってはいけない気がした。


そんなある日の夕方、店のドアが開いた。

いらっしゃいませと出迎えると、袈裟《けさ》を着たお坊さんが店に入ってきた。

珍しいと思いながら席を勧めると、お坊さんは首を横に振った。

「申し訳ない。私は客ではないのです。外を歩いていて気になったので寄らせていただきました。突然おかしなことを言うようですが、このお店の奥に、古い柱はありませんか」

思い当たるとしたら、スタッフが使う小部屋にある柱だった。

古びて黒ずんだ柱だった。釘を何本か打ち付けて、箒《ほうき》やちりとりをかけていた。

「そこに、毎日コップ一杯でいいので水を供えてもらえませんか。それを七日間続けてください。そうすればもう大丈夫です」

門田さんはお坊さんがあの女性について助言しているのだとすぐに理解した。

そして、その夜から言われた通り、コップに水を汲み、柱の前に置くようにした。

マスターは無関心だったので、アルバイトが休みの日も大学に通うついでに門田さんが水を取り替えた。

そして、とうとう七日目を迎えた。今日、水を供えることが何かの区切りになるはずだった。

偶然かどうかわからないが、この七日間、門田さんが知る限り、店でおかしなことは一度も起こらなかった。

深夜、アルバイトを終えた門田さんは家まで自転車を走らせた。嵐山よりさらに奥の方に家はあった。

府道から分かれた私道は深夜ともなると真っ暗で、自宅の敷地とはいえ勾配を登っていくのがいつも心細かった。

時刻は深夜一時を回っていた。門田さんの家は平屋の日本家屋で、すでに寝静まっている家族を起こさないように慎重に引き戸を開けた。

すると、玄関に母親が立っていた。

「あれ、おかえり。あんた女の子と会わんかった？」

母は目をぱちくりさせながら言った。

「いや、誰にも会ってないよ」

門田さんが言うと、母はそんなはずはないと言った。

「今さっき女の子が来てん。どちら様ですかって言うたら、あんたの友達やって言うねん。名乗らへんねん。それで、ここに泊めてくださいって言うねんけどな、息子も年頃やしそんな若いお嬢さんは泊められへんって言うて……。今から泊まれる旅館探してあげるってお母さん電話しに居間に戻ったんよ。で、見つかったからまた玄関に来たら、その女の子おらんねん。今さっきの話やで」

母はあっけらかんと言った。

もしも生身の女性だとしたら、一本道の私道ですれ違うのに気がつかないわけがない。

「お母さん、それどんな人やったん」

「なんか夜なのに帽子かぶってな、なんかおかしかったで」

門田さんのまぶたの裏に、交差点で見た女性の姿が浮かんだ。

水をやり続けて店に出なくなったと思ったら、今度はうちに来たのか。

「お母さん、その人を家に入れなくてよかったと思うわ」

お坊さんの助言通り、それ以降、店でおかしなことは一切起こらなくなった。〝大丈夫〟になったのだ。

けれど、行き場がなくなった女性が門田さんについていこうとすることまでは、予想できなかったのだろう。

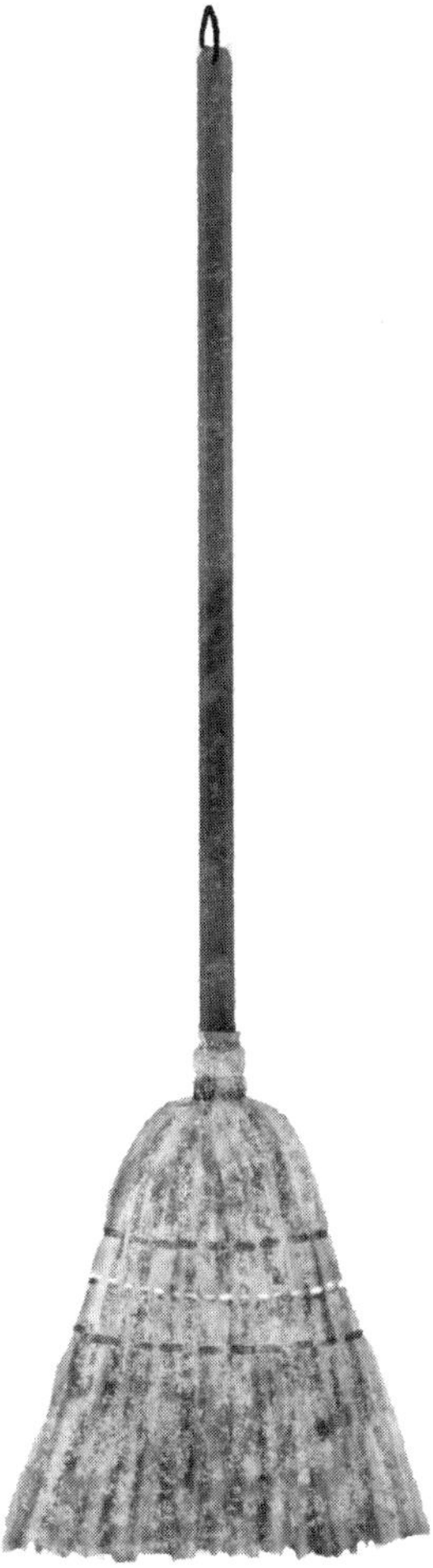

アーケード

富士子さんは岸和田駅で南海本線なんば行きの電車を降りた。高架のホームから階段をくだり改札を出ると、広々とした駅の通路に夏の風が吹き抜けていた。中央出口の西側は昼の日差しが満ちて、影から一歩足を踏み出すと、目がくらむほどまぶしかった。

岸和田は富士子さんが生まれ育った街で、かつては駅前の商店街の中に両親が切り盛りする餅屋があった。三代目である父が亡くなって店も閉じたが、時代が移った現在も街はその頃の面影を残している。

腕時計の針が十二時半を指していた。駅前の小さな交差点で信号待ちをしていると、急に背を叩《たた》かれた。

「富士子ちゃん！　富士子ちゃんやないの！」

びっくりして振り返ると、女子高時代の同級生が立っていた。

二人は偶然の再会を喜んで、近況を報告し合った。

「せっかくやし、よかったらどこかでお茶でもしいひん？」

　彼女は言った。富士子さんにとって心が弾む誘いだったが、断らなければならない理由があった。

「すっごく行きたいんやけど、十三時に証券会社に行かなあかんねん」

「そっか、ほなしょうがないなあ。時間もうすぐやのに、引きとめてごめんやで」

　また会う約束をして、手を振りながら信号を渡った。


　商店街を抜けた幹線道路沿いに証券会社はあった。約束の十分前にビルの下に到着し、指定の窓口に行くと、担当の女性がすでに準備を整えていた。用事は思っていたよりもずっとスムーズに進行し、すべての話をし終えるまで十五分ほどしかかからなかった。富士子さんはてっきり長くなると思って昼食もしっかりとってきたので、すこし拍子抜けしながらビルを出て元来た道を辿《たど》った。

　焼けつくような歩道から商店街のアーケードに入ると、すっと暑気が和らいだ。平日昼ながら人通りも多く、建ち並ぶ店こそ入れ替わりつつあるが、その活気はここに富士子さんの実家があった頃と変わっていなかった。

ふと、昔なじみの喫茶店が目に留まった。

そこは富士子さんが子供の頃からある純喫茶で、富士子さんの父が仕事の息抜きによく訪れていた場所だった。深いコーヒーの香りが店の前まで漂っていた。

富士子さんはなんとなく懐かしくなって、大きな木の扉を開けた。頭上で鈴が鳴り、カウンターの中のマスターが会釈した。落ち着いた灯りの店内は珍しく空いていて、一番奥のテーブルに二人組が座っているだけだった。

その背中に、強烈な見覚えがあった。

それは、背広に白髪混じりの、富士子さんの父の背中だった。向かいには、母がいた。テーブルにコーヒーはなく、おしぼりや水さえも置かれていなかった。

二人ともよそ行きの格好をして、静かにそこに腰かけていた。

「お父さんお母さん、久しぶり」

どうしていいかわからなかったが、そう声をかけた。両親は富士子さんを見上げて笑顔を見せた。

富士子さんはすぐ隣のテーブルに腰かけ、鞄をおろした。メニューを見るあいだも、すぐ横に父の気配があった。すみません、アイスコーヒーを一つ。マスターは短く返事をしてカウンターの中に入っていった。富士子さんは両親の方へ身体を寄せて、こっそりと尋ねた。

「二人とも、元気？」

両親は、その言葉に耳を傾けながらも、うなずきも否定もしなかった。ただ微笑みを向けるばかりだった。母が病気をする前の、元気だった頃の姿で二人はそこにいた。

「さっき駅前で私が十三時に証券会社に行くって言ったから、きっと帰りに喫茶店寄るやろうと思って、こうして待っててくれたん？」

「……」

やがて、アイスコーヒーが運ばれてきた。富士子さんはマスターの目を盗んで、グラスを二人のテーブルに置いた。両親は笑みを浮かべたが、口をつけようとはしなかった。

冷たいコーヒーを少しずつ飲みながら、富士子さんはできるだけ小さな声で近況を報告した。自分のこと、家族のこと、街のこと……。両親は優しいまなざしを浮かべながら、話をじっと聞いているようだった。

昔は二人はいつも忙しくしていて、両親揃ってここに来ることはなかなかかなわなかった。けれど、今は好きな服を着て、二人でいるのだった。

富士子さんが最後の一口を飲み終わる頃には、店に客が入り始めていた。

時刻は夕方になろうとしていた。ずいぶんと長居してしまったが、家に戻って家族に夕食の準備をする必要があった。

「ほな、名残惜しいけど帰るな」

そう両親に伝えると、二人もにわかに帰り支度を始めて、静かに席を立った。アイスコーヒーの会計を済ませて店の扉を開けると、二人も一緒に外へ出た。

午後の明るさが満ちるアーケードの下を、富士子さんと両親は一緒に歩いた。

毎年九月には、岸和田二十二町のだんじりがこの高いアーケードをかけ抜ける。今はマンションになった餅屋の二階から、家族揃って梨や葡萄《ぶどう》を食べ食べだんじりの行進を見るのが家族にとって毎年の楽しみだった。

富士子さんは商店街を抜けて、傾きかけた日を背中に感じながら駅へと続く信号を渡った。

ふと気がつくとさっきまでそばにいた二人の姿がなかった。後ろを振り返ると、道の向こう側で、両親が寄り添うように立っていた。

「お父さんお母さん、来えへんの」

歩行者信号は青だった。父と母は、渡ろうとはしなかった。

ただ、いつまでも商店街の入り口に立って、笑顔で手を振ってくれていた。

美容室

数年前の出来事である。

笠井さんは、大阪の美容学校を卒業後、関西地方を中心に美容室の大型チェーンを展開する会社に就職した。

配属された職場は心斎橋《しんさいばし》でも特ににぎわう通りにある、日に百名以上の客が訪れる超人気店だった。

数年間はアシスタントとして美容師の補助や掃除などを行い、店の営業が終了したあとにモデルやマネキンを相手にヘアカットの腕を磨く日々を送った。

寝る間もないほど忙しかったが、勉強熱心な性格と学生時代にスポーツで養った体力が幸いし、連日深夜まで店に残って技術の向上に励んでいた。

ある冬の夜のことだった。

時刻はすでに深夜〇時を回ろうとしていた。

笠井さんはこの日も一人で店に残り、鏡の付いたドレッサーを机の代わりにして軽い夜食をとりながら、昼間に女性客と交わした会話を思い出していた。

「聞いてくださいよ。『大島てる』っていう事故物件のサイトを見たら、うちのマンションが載ってたんです。もう家に帰るのが怖いんですよ。調べたことありますか？」

〝事故物件〟という耳慣れない言葉に興味をそそられた笠井さんは「仕事が終わったら調べてみますね」と返答した。


閉店後の美容室の窓から見える雑多な通りが夜の暗さに沈んでいた。道行く酔っ払いたちの騒ぎ声が過ぎると、あたりはしんと静まりかえった。

笠井さんはスマホでサイトを開き、事故物件情報へのリンクを踏むと、地図の上に無数の炎のマークが現れた。これらすべてが事故物件なのだと思うと圧倒されるようだった。

「大島てる」は自殺や孤独死、他殺などさまざまな理由で心理的瑕疵《かし》付きとなった物件や土地についての情報を投稿・閲覧できる事故物件公示サイトである。報道などでは取り上げられない部分——物件の外観写真や、詳細な部屋番号、死亡理由に至るまで事細かに掲載されているケースも多い。

まず大阪の地図を拡大し、店から自転車で二十分ほどの場所にある、笠井さんが一人で暮らすマンションを探し出した。

そこに炎のマークはなかった。胸をなで下ろした笠井さんは、そのままなんとなしに通勤経路を辿り始めた。毎日横を通っている古いマンションに炎のマークがついていた。

平成Ｘ年Ｘ月、飛び降り自殺。

笠井さんは鼓動が速まるのを感じた。こんなことがあったなんて知らなかった。

どんどん通勤路をスクロールして、画面に現れた炎のマークを確認していった。孤独死、殺人事件、火災による死亡。ショッキングな出来事が次々と表示されるたび、吸い込まれるように詳細を確認してしまった。

やがて地図は心斎橋の繁華街に入った。

途端に炎のマークが増える。

さすがに人が多いといろいろあるのだ。笠井さんは思った。

そうだ、誰かが亡くなっていたっておかしくはない。もしも自分の居場所でかつて誰かが死んでいたとしてもそれは、怖がることでもないのかもしれない。

笠井さんは、自分が今いる美容室まで辿りついたら終わりにするつもりだった。

大通りを曲がり、細い道を辿る。

ゴールとなる自分がいる場所に、炎の印がついていた。

笠井さんは思わず誰もいない店内を見回した。ここは事故物件だったのか。そんな話はこれまで聞いたことがなかった。

少し迷って炎のマークをタップした。次の瞬間、レイアウトが崩れて、スマホの画面一面に一枚の画像が現れた。

それはおかしな写真だった。

こんな光量で写真が撮れるのだろうかと思うほど、画面全体が暗い。しかしピントは鮮明で、よく見るとごく狭い箱のような部屋の中で撮影されていることがわかった。

画面の中央に白っぽいドーナツ状の輪があり、真ん中がぽっかりと暗くなっている。

しばらく眺めて、それが洋式トイレを高い視点から見下ろすように撮られた写真だとわかった。

けれどどうしてこんな写真が？　建物の外観などが撮られた写真はこれまでも何軒かに添付されていたが、こんなおかしな写真は見たことがなかった。

笠井さんが確認したいのは文字情報だったので、写真を非表示にするために画面を触った。

ところがどこを触っても元の地図に戻れない。画面が固まってしまっていた。

スマホ側面のボタンで電源を落とそうとした。それでも何の反応もなかった。壊れてしまったのだろうか。暗いトイレの写真を貼りつけたまま。

段々と焦りが募り、スマホの背面カバーを外して充電バッテリーを取った。ようやく電源が落ち、画面も消えた。

笠井さんは、大袈裟に考えそうになる自分を落ち着かせようとした。

たまたまこの美容室が事故物件だった。そして自分がその情報を見ているときに、偶然スマホがフリーズしたのだ。すべて偶然に違いない。

笠井さんはバッテリーを元に戻してスマホの電源を入れた。

気を取り直して練習に戻るために、ここがどんな事故物件であるかを改めて確認して、居心地の悪さを払拭する必要があった。

先ほどと同じように事故物件サイトを開き、炎が点々と散る地図を拡大していった。

自分がいる場所の炎のマークを触って詳細を表示させると、そこには簡単な住所とともに「告知事項あり」とだけ書いてあった。

先ほどの写真がどこにもない。

周辺の事故物件を探したが、あの写真が見つかることはついになかった。

翌日、出勤してきた上司に昨夜の出来事を話した。

「ここって本当に事故物件なんですか？」

上司の顔色が変わった。

「笠井さん、知らんかったんか。この雑居ビルが建つ前の話やで。ここは元々大きい病院やってん。治る見込みのない重病の人がたくさん入院しているようなところで、悲観した患者さんが何人も、トイレで首を吊って亡くなってるんやで」

笠井さんの脳裏にあの画像が蘇《よみがえ》った。

洋式トイレを奇妙なほど上から見下ろしたような。あの、写真に収められるはずもないほど暗く、しかし鮮明な光景。

もしかするとあれは、誰かが撮影した写真などではなかったのではないか。

亡くなった人が最期に見たものだったのでは。

笠井さんはそれ以来、あの事故物件サイトにアクセスしていないという。

路上の怪

古い振袖

冬の晴れた朝だった。都心から少し外れた住宅街にひっそりと建つ神社の境内には、まだ日が昇って間もないにもかかわらず、人々の行き交う足音や穏やかなざわめきが響いていた。

月に一度開かれる青空骨董市は、規模こそ大きくはないが全国から骨董好きが訪れる人気の催しで、永野さんはこの日、東京郊外で営む骨董品店の商品を仕入れるためにここを訪れていた。

玉砂利の上に茣蓙《ござ》やブルーシートが所狭しと敷かれ、どの区画でも通路にはみ出そうなほど品物が並べられていた。客も店主たちも分厚い防寒着を着込み、白い息を吐いていた。

永野さんの店は名目上、骨董品店と言っているが、永野さんが気に入ればなんでも店に並べる。古い食器、古い家具、本、人形、玩具、何の使い道もないガラクタのようなものでさえ、永野さんのもとでは平等に扱われていた。

あらかた露店を回り終え、さて帰ろうか思っていると、一着の振袖が目に留まった。それは上品なクリーム色の絹織物で、しっとりとした光沢があった。広げてみると目立つ汚れや褪色《たいしょく》もなく、袖と裾に施された刺繡の繊細さを見るに相当な値打ちのものだった。

「明治か大正か、相当古いと思う」

売主はそう言うが状態はよく、アンティークの着物が好きな人ならばきっと目を輝かせるに違いないと思えた。結局、相場より安価だったことが大きな決め手となり、永野さんは即決でその振袖を買った。

大荷物を抱えて昼前に自分の店に到着した永野さんは、仕入れたものに値札を付けて店に並べていった。先ほどの振袖も、虫喰いや細かい汚れの状態を確かめたあと、簡単な手入れをして店内の一番目立つ場所に置いた。

買い手はその日のうちに現れた。

「あの着物を見せてください」

夜に一人で店に来た女性客が声をかけてきた。

着物を広げながら話を聞くと、この若い女性は昔から着物が好きで、一人暮らしをしているマンションの一部屋を着物部屋にするほどたくさんのコレクションを持っており、休日には和装を楽しんでいるのだという。

「今度、友達の結婚式に来ていくための着物を探していたんです。この振袖、私すごく気に入りました」

女性はにこにこと微笑みながら大事そうに振袖を抱えて夜道を帰っていった。

ああ、いい人に買われてよかった。きっと縁があったのだろう。永野さんはそう思ったという。


数日が経った。昼過ぎに永野さんが開店準備のために店の外に出ると、シャッターの前に先日振袖を買った女性が立っていた。強張った表情で、腕に段ボール箱を抱えていた。

「返品させてください。お金は結構なので」

先日の表情とは打って変わって、切羽詰まった様子が見て取れた。

永野さんは女性のただごとではない顔を見て店の中に招き入れた。

「どうしましたか。理由があるんでしょうか」

尋ねると、史佳《ふみか》さんという女性はぽつりぽつりと話し出した。

振袖を購入した夜、自宅のマンションに帰った史佳さんは、着物部屋の衣桁《いこう》に振袖をかけて形を整えた。本格的な手入れは時間が遅かったので翌日に回すことにして、なんていい買い物をしたのだろうかと着物を眺め、部屋をあとにした。

翌日、出勤まで時間があった史佳さんは、美しい光沢を持った振袖を明るい環境でも見てみたいと思い立ち、着物部屋に足を踏み入れた。

太陽光を浴びる振袖は輝くようだった。しかし、どこかに違和感があった。視線を巡らせると、左袖の真ん中あたりに目が留まった。

赤い染みだった。昨日、こんなものがあっただろうか。

百円玉ほどの大きさの染みに触れると、そこだけしっとりと濡れていた。指先を見ると赤い色が移っていた。まるで血のようだった。

史佳さんは家から逃げるように出勤した。自分はいったい何を見たのだろう。心細い気持ちを押し殺すように、きっと気のせいだろう、寝ぼけていたのだろうと無理やり思い込んで業務をこなした。

夜遅くに仕事を終え、振袖をクリーニングに持っていく決意を固めてマンションに帰宅すると、エントランスの宅配ボックスに溢れんばかりの荷物が届いていた。その日はちょうど史佳さんの誕生日で、毎年親しい人からプレゼントが送られてくるのが恒例だった。

両親、兄弟、友人。さまざまな送り主の名前を見ながら自室に帰った史佳さんは、さっそくリビングでプレゼントの封を開けにかかった。

「誕生日おめでとう！」と書かれた手紙やカードとともに入っていた誕生日プレゼントは、一つ残らず刃物だった。

史佳さんは刃物が欲しいと言った覚えは一度もなかった。偶然にしてはあまりにも気味が悪かった。振袖に染み込んでいた血のようなものとの因果関係を想像し出すと恐ろしくなり、着物部屋へ入る気持ちをすっかり失ってしまった。

いっそのこと、自宅を出て友人の家にでも泊まらせてもらおうか、とも考えた。

しかし週末には、史佳さんの姉が四歳の姪を連れて遊びにくる予定があり、部屋の片付けや泊まりの準備をする必要があったため、どうしても家を空けるわけにはいかなかった。

史佳さんは不安を抱えながらじっと週末を待った。そのあいだ廊下にある着物部屋の扉を開けることさえできなかった。

週末、姉と姪を部屋に迎え入れた。姉と近況を報告し合ったが、振袖や刃物の件については言い出せなかった。おてんば盛りの姪がはしゃぐ様子に励まされながら、夕方には風呂に入り、リビングに布団を並べて早めに就寝した。

そのせいか、夜中に目が覚めてしまった。

トイレに行きたい。

寝ている親子を起こさないように、照明を落としたまま手探りで廊下に出た。

暗闇の中に、小さな影が見えた。姪だった。着物部屋の前にじっと立っていた。

小さな手には包丁が握られていた。

「何をしているの！」

史佳さんは驚いて包丁を取り上げた。小さな目玉が史佳さんを見上げた。

「史佳ちゃんが、こっちのお部屋から呼んだでしょ？　包丁ちょうだいって」

こっちのお部屋――、それは着物部屋のことだった。

「夢を見てたのかな、もう大丈夫だから戻って寝ようね」

異変を感じ取って不安がる姪を寝かしつけながら、史佳さんはまんじりともせず考えた。

あの振袖だ。あの振袖が刃物を欲しがっているのだ。

一睡もできないまま、朝を迎えた。

目覚ましが鳴って姉と姪が起きた頃、史佳さんは意を決して着物部屋の中に飛び込み、ダンボール箱にめちゃくちゃに振袖を詰めた。

「それで、ここに来たんです」

永野さんは、史佳さんになんと声をかけていいのかわからなかった。

「もうこんな変なものを近くに置いておきたくありません。もう失礼させてください」

そう言い残すと、史佳さんは足早に店を出ていった。

店内に大きな段ボール箱が残された。側面の横穴から、振袖が乱雑に詰め込まれている様子が見て取れたが、開けて取り出す気にはなれなかった。扱いを決めかねて店の隅に放置していたが、その日から店に「刃物を買い取ってほしい」という客が異様なほど相次いだ。

そのたびに「振袖が刃物を欲しがっている」という史佳さんの言葉が蘇り、振袖を店内に置いておくのが恐ろしくなった永野さんは、近くの寺に持っていって燃やしてもらったのだという。

それきり、永野さんの店では、振袖や着物に関するものは一切取り扱っていない。

絵馬

藤田さんが縁切り神社に行ったのは、断ちたい縁があったからではない。単純に珍しいものを見てみたかったからだ。

東京でサラリーマンをしている藤田さんは旅行が趣味で、学生時代は海外にもよく行っていたが、就職してからはめっきり遠出をしなくなった。

たまの出張で都外へ出ても、たいてい時間に追われて、観光地へ寄る暇もなく帰路につくこともしばしばだったので、新規事業の打ち合わせのために行く泊まりがけの京都出張は、溜まった旅行欲を満たす絶好の機会だった。

午後三時過ぎに四条大宮のビルで取引先との打ち合わせを終えた藤田さんは、夜の飲み会までしばらく時間があったので、近場の観光をすることにした。

「おすすめの観光場所ですか？　八坂神社で桜を見るか、鴨川でゆっくり過ごすか、それか縁切り縁結びの神社も面白いと思いますよ」

取引先の社員が気さくに教えてくれた。縁切り神社は話の種にもなりそうだった。

混雑した京都市バスを降り、しばらく歩くと、少し奥まった場所に神社の入り口があった。石造りの鳥居に垂れ幕がかけられ、悪縁を切り良縁を結ぶ祈願所と書いてあった。

鳥居から長い石畳が続く。脇が広々とした駐車場になっていて、その横には団地が並んでいた。

境内は想像していたよりも穏やかな雰囲気で、観光客でにぎわっていた。

手水を済ませて立派な本殿に参拝し、何を願うでもなく手を合わせた。

神社の目玉は、巨石にドーナツ状に開いた穴を潜《くぐ》ることで縁切りと縁結びが叶うと言われる碑で、大勢の人が願いごとを書いた札を手に行列を作っていた。

その横におびただしい量の絵馬が奉納されていた。縁切りのご利益を求めて全国から参拝客が訪れるこの場所には、強烈な絵馬があると聞いた。好奇心にかられた藤田さんは、他人の秘密を探るようで行儀が悪いと思いつつも読んでみることにした。

誰かの名前と罵り言葉が殴り書きされたもの、不倫相手の離婚を望むもの、また自らの悪習と縁を断つことを誓うもの、丁寧な字で人の死を願うものもあった。藤田さんは誰かの強い悲しみや恨みの吐露に引き込まれて、次々読んでしまった。

そのとき、ふとある絵馬に目が留まった。

文字が書いてあるが読めそうで読めない。顔を近づけてみて気がついた。絵馬に書かれていたのは鏡文字だった。一文字ずつ声に出して読んでいった。

まくれてだいじゅがころびますように　うらへもどるようにおねがいします

その後ろに、苗字が異なる人の名前が三つ書かれていた。

意味がわからない。しかし、読み進めるごとに奇妙な悪寒が這《は》い上がってきた。藤田さんは急に心細くなり、踵《きびす》を返して街に戻った。

いったい何が書かれていたのだろうか。〝だいじゅがころぶ〟という慣用句は聞いたことがなかった。鏡文字にする理由もよくわからない。

夜に飲み会で縁切り神社の話を出したが、酒が入ったお喋《しゃべ》りな役員がすぐに話題を変えてしまったので、絵馬についての話は胸に留めておいた。

東京に戻った藤田さんは、郵便局で宅配便の送り状を書いていた。

後ろに行列ができていたので、相手の住所を書類で確認しながら急いでペンを走らせた。

〝福島県いわき市平〟そう書いて、手が動かなくなった。

たった今書いた〝いわき〟の字が、反転して鏡文字になっていた。すぐに斜線を引いて慎重に書き直した。今度はうまくいった。

それを機に、会議中に取ったメモや、アンケートを書くときなど、なにげなく書いた文字が時々反転するようになった。そのたびに京都で見たあの絵馬を思い出して、嫌なものが胸をかけめぐった。

不安を払拭するために、藤田さんは脳の病気を疑った。調べてみると、脳の異常によって文字が反転する疾患があるという。総合病院に行って検査を受けたが、異常は特に認められなかった。

絵馬に書かれていた言葉の意味も調べたが、判然としないままである。

今でも藤田さんの奇妙な癖は直っていない。

好奇心に導かれるまま、藤田さんは何と縁を結んでしまったのだろうか。

藤田さんは最近、日によって、鏡に映る自分の顔が左右いびつに見えるときがあるのだという。

運搬

残暑厳しい日曜日だった。

学生だった私はその当時、毎週のように怪談イベントに足を運んでいた。

その日は、後の夫である彼氏とともにイベントを二つはしごする予定だった。

昼過ぎ、私たちは兵庫県尼崎《あまがさき》市のアーケード商店街に到着した。年季を感じさせるテナントの一角にはすでにたくさんの客が詰めかけていて、うちわを片手に開演時間を待っていた。

湿った熱風が吹き抜ける中、汗をだらだらと流しながら、ベテランの怪談師による恐ろしい語りに耳を傾けた。聞いた者に害が及ぶという気味の悪い幽霊譚が印象的だった。

西日が差す頃にイベントが終わった。私たちは余韻に浸る暇もなく急いで移動する必要があった。

次の目的地は大阪市住吉区だった。朝日温泉という銭湯で怪談とお化け屋敷のイベントが開かれるのだ。

商店街を抜けてコインパーキングに停めた彼の車に戻り、ドアを全開にして暑い空気を逃してから車に乗り込んだ。

阪神高速湾岸線のゲートを通過して、登坂車線を加速しながら本線に合流しようとしたときだった。エンジンから聞き慣れないモーター音がした。

「ん？　どういうことや」

走行性能の高いコンパクトカーが唸《うね》りを上げていた。

彼は段々とそわそわし出した。何度もハンドルを握り直したり、怖い怖いとつぶやいたり、ギアを頻繁に切り替えたりと落ち着きを失っていた。

私はどうしたのかと尋ねた。

「車がな、僕ら二人の重さじゃないねん。四人乗ってる重さや」

彼は言った。後部座席には空席が二つあるばかりだった。

大阪湾を望む五号湾岸線の橋はずっと遠くまで空いていて、普段ならば加速するところだった。しかしそのときはアクセルを踏み込んでもなかなか速度が上がらなかった。

「暑さで車の調子が悪くなったとか？」

「いや……そんなんちゃうねん。人が乗っているとしか言いようがない」

車の窓から朝日温泉の煙突が見えたとき、彼は心底ほっとしたように息をついた。

朝日温泉は昔ながらの銭湯といった雰囲気で、地元の家族連れや普段からお湯を利用しているお年寄りなど、数多くの人でにぎわっていた。

男湯の大浴場を丸ごと使った怪談会では、皆で湯船のふちに腰を下ろして怪談に耳を傾ける、怖いながらも平和な時間が流れていった。

終演後はロビーで販売されている料理を食べたり、手作りのお化け屋敷に入ったりと、お祭りのようなそのイベントを私たちは心の底から楽しんだ。

夜遅くに銭湯の外に出ると、帰りの車はすっかり軽くなっていた。

もしかしたら尼崎の商店街にいた何かも、朝日温泉で楽しい時間を過ごしたかったのかもしれない。

後にも先にも目に見えないものを運搬したのはそのとき限りである。

変な電話

二〇一八年の夏、大阪野田で怪談会が開かれた。

会場はＪＲの高架下にあるカフェバーで、入り口の大きなガラス扉を開けると、観葉植物がひしめくバーカウンターがあり、奥にゆったりとしたソファ席や座敷もあって、居心地の良い秘密基地のようだった。

当時、私は怪談を語り始めて間もなく、主催者である書道家の麗佳さんに助けてもらいながら、二十人ほどのお客さんを前に、怪談を持っているだけ話した。会の後半になるとお客さんも体験談を語り、それに反応するように「そういえばこんな話も聞いた」と語り出す人も現れ、怪談の連鎖に花が咲いた。

梨沙さんという若い女性の体験談も印象的だった。彼女は「見える」体質で、そのせいで面倒なものを引き寄せてしまうのだと言った。

「本当はこんな風に怪談を話すのも気が進まないんだよね……」
彼女は言った。

あっという間に夜が更け、会の終了時刻になった。簡単な記念写真を撮影したあと、私は店に残ったお客さんと輪になって怪談会の延長戦を始めた。

しばらく夢中で話を続けていたと思う。楽しげに話していた梨沙さんが突然手を叩《たた》いた。はじめはそこに虫でもいるのだろうと思った。しかし梨沙さんの視線の先の灯りを見ても、それらしきものは見えなかった。彼女はそのまま輪を離れ、大きなガラス扉の前まで中腰の姿勢で移動すると、なおも激しく手を叩いた。

どうしたんですか？　という問いかけには答えず、梨沙さんはおもむろに店の扉を開けた。そのとき、私の隣にいた女性客のスマホに着信が入った。

「ちょっとすみません、取引先の人からなので」

女性は抑えた声で応答しながら店の外にかけていった。

扉付近から店の奥に戻ってきた梨沙さんは、手を叩いていた理由をはぐらかした。その代わりに「もうぼちぼち出ようよ」と言った。その顔には緊張の色が見えた。

男性客の一人が話題を戻し、私が怪談の続きを始めようとしたとき、電話を終えた女性が戻ってきた。彼女は眉を歪めていた。

「あの、聞いてください。さっき取引先の人から電話がかかってきて、外に出ていったでしょう？　普段こんな夜遅くに電話がかかってくることはないのでなんだろうと思ったんですが、出てみたら変だったんです。電話口に強い風が吹き付けるような音がして、ごうごうと鳴っていて、そのずっと遠くから男の人が何かを叫ぶような声が聞こえたんです。取引先の方は女性なんです。もしもし、と言っても、風の音がうるさくて聞き取れなくて。突然とても怖くなって、電話を切って戻ってきてしまいました。いたずらかとも思ったんですが」

　彼女は震える手でスマホの通話履歴に表示された女性の名前を見せてくれた。

「だけどもしかしたら、取引先の方に何かあったかもしれません。トラブルに巻き込まれて、助けを求めていたのでは……」

　私は「もう一度電話をかけてみてはいかがでしょう？」と言った。

　その場で通話履歴から取引先の女性に発信すると間もなく、スマホから潑剌《はつらつ》とした相手の声が漏れ聞こえてきた。彼女はほっとして会話を始めた。

「先ほどお電話いただいたかと思うんですが、こちらでうまく聞き取れなくて。はい。三分くらい前に。はい。えっ……」

電話を終えた彼女が私たちに向き直った。

「かけていないそうです。私に電話をかけた覚えはないと」

数人が小さな悲鳴を上げ身体を寄せ合った。店のスタッフが口を押さえたまま絶句した。女性は友人に肩を抱かれ「こんなことがあるなんて」とつぶやいた。

会はほどなくしてお開きになった。ガード下を早足で歩きながら、梨沙さんがこっそりと「あれのせいだ」と言った。

「イベントが始まって少し経った頃、気づいたら店の入り口に大きな男が立っていたんだよ。ただ立っているだけならば良かったけど、段々みんなに話しかけるようになった。積極的に干渉してくるのは、おまえについていっていいかと聞いているのと一緒。なんで誰かについていきたがると思う？　悪意があるからだよ」

「さっき手を叩いたのは？」

「しつこかったんだよ。本当に。まあこっちも迂《う》闊《かつ》だった。でもまさか電話までかけてくるなんて」

梨沙さんは私に向き直り言った。

「怪談なんてよくやるね。私には怖くて怖くて、とてもできないよ」

怪談会

二〇一八年の九月、大阪の心斎橋にある三ッ寺会館のバーで開催された怪談イベントに出演した。

二人の共演者と交代でバーカウンターの中に座り、仄暗い照明のもと一人二十分程度の怪談を披露したと記憶している。

当時は人前で怪談を始めて間もなかったが、お客さんは私たちが出演した怪談コンテストを観て足を運んでくださった人がほとんどで、たどたどしい私の語りにも、真剣に耳を傾けてくれた。

終演後、イベントが終わった寂しさと安堵が押し寄せて息をついていると、友人の麗佳さんとパオさんが「お疲れ様」と声をかけてくれた。

来てくれたお礼を伝えると、麗佳さんが言った。

「さくらさん、変な声がしてましたけど気になりませんでしたか？　さくらさんが話してるときだけ、換気扇の奥からずっと聞こえていたんですけど」

「それ、僕も聞こえてました。あれ、なんやろうって思ってた」

　パオさんが続けると、話を聞いていたほかのお客さんもうんうんとうなずいた。聞こえてきたのは、数人の女性の会話だったという。はじめは外の繁華街で騒いでいる声が店内まで聞こえてきているように感じたそうだが、声はどこかへ移動するでも収まるでもなく、私が話し始めてから終わるまで、ずっと同じイントネーションで言葉を発し続けていた。聞き取れそうで聞き取れない、まるで針が飛んだレコードのような、短いフレーズの繰り返しだったという。

「そっちが怖くて、話の途中なのにちょっと集中が切れかけました。さくらさんは大丈夫でしたか？」

　私にはまったく聞こえていなかったと伝えると、二人はしばし固まってしまった。

*

　同年、東京の神保町でアーティストの井手健介さんとのイベントに出演した。高い天井が特徴的なライブハウスで、できるだけ照明を落として仏前ろうそくを灯《とも》し、円座になるように椅子を置いた。

井手さんの歌のあと、私が怪談を話しているときだった。

お客さんの数人が同時に天井の隅を見上げて言った。

「赤ちゃんの声がする」

上階から聞こえてくる声かと思ったが、壁や床に隔てられた声ではなく、同じ空間から聞こえてきたとお客さんは言った。

空中に幼児の声が漂っていたというのだ。

「この場所いろいろ噂は聞くんだけど、なんというタイミングだろう」

店主さんがつぶやいた。

*

時は進み、二〇二〇年の初春に大阪で開催された住倉カオスさんの怪談イベントでのことだ。

壇上には五人の話者がおり、語られた怪談から連想した話を次の話者が披露する数珠つなぎ方式で進行していた。オールナイトの会は中盤を迎え、会のボルテージはどんどん上がっていった。

「ん？　ちょっと、ちょっと待って」

住倉さんが話を一旦中断させた。

「さっきからお客さんが空中を見上げたり、ざわざわしているんだけど、どうしました？　何かありましたか？」

すると、何人かのお客さんから声が上がった。

「猫の声がします。マイクを通して猫の声が聞こえます」

壇上の出演者は皆、首を傾げた。

「猫の声？　聞こえたという人はどれくらいいますか？」

住倉さんがお客さんに挙手を促すと、七割程度のお客さんの手が挙がり、会場がどよめいた。不思議なのは、同じような位置に座っていても、聞こえた人と聞こえていない人がいることだった。

私には、その出来事の少し前から気になっていることがあった。

壇上に座って話し始めたときに、急に猫のにおいがしたような気がしていたのだ。すぐそばで猫のにおいが一瞬漂い、すぐに元の香りに戻った。ほかの四人の怪談を聞きながら、頭の片隅でずっと気になっていたのだった。

横に座っていた住倉カオスさんと下駄華緒《はなお》さんはまったくそのにおいを感じなかったと

言った。

奇しくもその日は、動物が登場する陰惨な怪談が多かった。

私は以前まで〝怪談を話していると何かが寄ってくる〟という常套句について、単なる脅し文句だと思っていた。けれど、取材の中で同じ意見が集まったり、怪談会が怪異の現場になる場面に何度も立ち会ったりすると、一概に脅しとも言えないのではと思わざるをえなくなってきた。

せめて、害をなすものが来ないように願うばかりだ。

鴨川の飛び石

伊勢さんの趣味は夜の散歩だった。

九州から京都の大学に進学して一年、一人暮らしにはだいぶ慣れたが、学生生活は想像よりもずっと忙しく、充実している反面、負担も大きかった。

講義やアルバイトが終わったあとに一人で真夜中の街を歩くと、生活に追われてすり減った心身がゆっくりと回復するようだった。

アパートから高野川までは歩いて十分ほどだった。

真夜中の二時過ぎ、伊勢さんは人気《ひとけ》のない一乗寺の商店街を抜け、交差点をいくつか渡って川端通りに出た。暗く流れる高野川を横目に見ながら、川沿いの並木道を南へ歩いた。

雨上がりの湿った空気が肌にまとわりついた。伊勢さんは恋人と別れたばかりで、沈みがちな気分を持て余していた。

いくつかの細い橋や堰を越えて、賀茂川と高野川の合流地点に差し掛かった。川が一気に太く広くなる。京阪出《で》町《まち》柳《やなぎ》駅を抜けて賀茂大橋を半分ほど渡り、欄干から二つの川が混じり合う鴨川デルタを見下ろした。

遠くの灯りが川面に反射して、暗いながらおおよそ地形は見えた。しばらくのあいだじっと風に吹かれていると、ふと、東側の川縁に人影が見えた。背の高い男性が一人、飛び石を渡ってきた。

鴨川の飛び石は間隔が広く、水深こそ浅いが女性や子供なら一歩一歩確かめるように飛ぶ人が多い。その人影は細い身体でなめらかに飛び石を渡った。反対側まで渡り切ると、踵を返して往復した。伊勢さんはそれをただずっと眺めていた。

しばらく見守って満足した伊勢さんは、家に帰るためにまた歩き始めた。川端通りの並木道を折り返すのはつまらなかったので、河川敷に出て川を間近に眺めながら帰ろうと思い立った。

賀茂大橋のたもとにある階段から河川敷へ続く小さな階段を降りていくと、予想外に足元がぬかるんだ。川面が近い。

そういえば今日は、いつもよりも水音が激しかった。

伊勢さんははっとして川面を見やった。昨日降った大雨の影響で、川は大幅に水かさを増していた。

飛び石はすべて水中に沈んでいた。目の前の水流に一歩足を踏み出せば、足が取られて川にさらわれてしまいそうだった。

滑るように石を飛んでいた人の姿はどこにも見えなかった。

こんな状態の川を生身の人間があんなにすばやく渡れるだろうか。

暗い夜中に灯りも持たず？

心細くなり、階段を上って元来た道を足早に辿《たど》った。

はあはあという息遣いが背後からついてくる気がした。しかし振り返っても誰もいなかった。

それが、伊勢さんの家でおかしなことが起きるようになったきっかけだったのかもしれない。

九月初旬の深夜二時過ぎだった。

伊勢さんは自宅での長風呂がたたって廊下に突っ伏していた。脱水症状を起こして全身がだるく、心臓は早鐘を打っていた。身体が楽になるのを待っていると、すぐ脇の玄関扉がコンコンと鳴った。

家に友達が突然訪ねてくるのは珍しいことではなかったので、床から這い上がって応じたが、外には誰もおらず、しんとした共用廊下が蛍光灯に照らされているばかりだった。

それから、伊勢さんが自宅にいる夜は玄関をノックされるようになった。それなのにどの友人に尋ねても、家を訪れたという者はいなかった。

伊勢さんは気味が悪くなって、オカルト好きの上級生にこれまでの出来事を相談した。

「玄関に鏡を置いておくと、悪い霊や生き霊を撥《は》ね返せると聞いたことがあるよ。試しにやってみたらどうかな？」

彼女は言った。

半信半疑だったが、何もしないよりはましだった。伊勢さんは上級生の言葉に従って、雑貨店で手に入れた小さな手鏡を靴箱の上に置いた。一つでは不安だったので、ベランダ側の掃き出し窓に向けてもう一つ鏡を設置した。

不思議なことに、その夜からノックの音がやんだ。

安堵と不安が同じくらい胸に広がった。もし鏡が効いているのだとしたら、ノックをしていたのはやはり生きた人間ではなかったということだろうか。答えは出ないが、どうしても考えてしまった。

喉が渇いて目を覚ますと真夜中だった。薄明かりのもと布団を抜けて、台所でコップの水を飲み干した。

ふと、背後が気になり首だけで振り向いた。真後ろのトイレのドアが十五センチほど開いていたので、コップを持っていない左手で閉めようとした。

そのとき、トイレの暗闇から青白い手が伸びて伊勢さんの左腕をぎゅっと摑《つか》んだ。

あまりの驚きに叫ぶこともできず、すごい力で摑みかかる手をなんとか振りほどいて玄関を飛び出した。共用廊下に転げ出て後ろを振り向くと、玄関扉に白い手が挟まった状態で、ばたばたと激しくもがいていた。

恐怖が全身を襲い、目の前が真っ暗になった。

次の瞬間、まぶたが開いた。

眠っていた。夢だったんだ。伊勢さんは自分が確かに布団の中で毛布を被って横になっているのを確認し、安堵の息を漏らした。

そのとき左腕がずきっと痛んだ。驚いて毛布をはぐと、目の前に自分の顔があった。

鏡だった。玄関に置いてあったはずの手鏡が、なぜか自分の顔を映すように置かれていた。身体を起こして掃き出し窓の方を見ると、もう一つの鏡も足が欠けて倒れていた。

寝室を出て、伊勢さんは叫び声を上げそうになった。トイレのドアが夢で見たのとまったく同じ形で開いていたからだった。

いったいどこからが夢だったのか、いや、そもそも本当に夢だったのだろうか。

伊勢さんは家を飛び出し、友達の家に逃げ込んだ。

それから伊勢さんは以前にも増して散歩をするようになった。できるだけ家にいたくなかった、というのは後に伊勢さんが漏らした言葉だ。

おきてと指輪

陶子《とうこ》さんははじめて変なものを見たときのことをよく覚えている。

小学校の通学路に建つ団地の脇に、血を流して倒れている男の人の姿があった。そしてそれをじっと見下ろす形で、倒れた人と瓜二つの男の人が立っていた。

家に帰ったあと、その奇妙な光景について祖母に話すと、こう命じられた。

「変なものがいても、絶対に声をかけてはいけないよ」

四国地方の山深いある小さな村で、陶子さんの一族は代々〝いたこ〟のような役割を担っていた。村で人が亡くなれば丁重に弔い、また災厄をもたらすものや〝犬神〟と呼ばれるものに憑《つ》かれた人が来たらその除霊を引き受け、一族に伝わる儀式を行うことで害を鎮めていた。

陶子さんも母や祖母も、そしてほかの家族も、当たり前に死者と接することができた。

それは一族の宿命ともいえる体質だった。

特に力の強かった祖母は、幼い陶子さんにいくつかの〝おきて〟を課した。

変なものに関わってはいけない。プールや海で泳いではいけない。特に池や沼など水が溜まっている場所のそばに近寄らない。

「あなたは水に寄ると連れていかれるからね」

祖母は言った。陶子さんにはいったい何が自分を連れていくというのかわからなかったが、祖母には何かが見えているようだった。

それでも「どこかで泳いでみたい」と頼んだことがあった。

祖母は渋ったが、幼い孫の願いを無下にしたくないと思ったのだろうか、必ず目の届く範囲で遊ぶという条件付きで、山中の小川に連れていってくれた。

「少し待っていてね」

祖母はそう言うと、家から持ってきた胡瓜《きゅうり》に文字を書き始めた。それは陶子さんの名前だった。川面に近づきそっと胡瓜を水に浮かべると、胡瓜はくるくると浮き沈みしながら流れていった。それを十分に見送ったあと、祖母は陶子さんの背中を押した。

「さあ、行っておいで」

陶子さんを連れ去ろうとするものを身代わりでだますほんの少しのあいだだけ、陶子さんは水中に身を漂わせることができた。

　水遊びをした数少ない思い出の中には、必ず胡瓜と祖母の姿があった。

　一家にはさまざまなおきてがあった。血を継承するための許嫁《いいなずけ》まで決められていた。陶子さんは祖母や母の跡を継ぐことを常に期待されていたが、自分には到底できそうもない役に思えたし、窮屈でたまらなかった。

　高校卒業後に一人で村を抜け出す決心をして、やがて関西地方で仕事を始めた。

　夏の真っ只中だった。焼けつくような太陽の下、陶子さんは出勤のために駅までの道を歩いていた。

　途中で踏切に通りかかった。周りに人はおらず、昼間だというのにやけに静かだった。点滅する遮断機の脇に、女性がうずくまっていた。膝を抱えるような姿勢で痩せた背中を丸めていた。

　熱中症だろうか。陶子さんは女性の肩に手を置いて尋ねた。

「大丈夫ですか？」

　振り向いた笑顔は、生きている人間のものではなかった。

全身に鳥肌が立った次の瞬間、最初から何もいなかったかのように、目の前から女性が消えた。まるで編集された映像のようだった。

〝変なものがいても絶対に声をかけてはいけない〟

亡き祖母の言葉が蘇った。

村を出てからも変なものを見ることはあったが、そのたびに気づかない振りをしてやりすごしていた。だけど、とうとうやってしまった。

ワンピース越しの肩の感触も、こちらを振り向いた顔の残像も、脳に生々しくこびりついていた。

気がつくと陶子さんは暗いがらんとした空間にいた。

それは不安になるほど長く無機質な廊下で、両側に扉が並んでいた。緑色の非常誘導灯がぼんやりと等間隔に浮かんでいた。

病院だ。私は夢を見ているのだ。そう気がついたとき、廊下の遠い突き当たりで何かが動いた。

それはストレッチャーと、それをゆっくりと押す人だった。緑の光に照らされたその顔は、今朝踏切で振り返ったあの女性のものだった。

ストレッチャーには誰も乗せられていなかった。小さなタイヤの軋む音が響き、白衣を着た女性がゆっくりとこちらへ歩いてくるのがわかった。

陶子さんは身体を動かすことができなかった。一刻も早く目を覚まさなくてはいけないと直感した。できる限りの力で身体をよじって、重たいまぶたをこじ開けると、目の前に自室の景色が広がっていた。もがくような覚醒だった。

不安な予感は的中した。翌日の晩も気がつくと、あの廊下の端に立たされていた。昨日とまったく同じ夢だった。一つだけ違うのは昨日無理やり夢を覚ました位置に、ストレッチャーを押す女性がすでに立っていたことだった。

〝きゅるきゅる〟

ストレッチャーが鳴り、笑顔を貼り付けた女性が歩いてきた。

陶子さんは息も絶え絶えになりながら目を覚ました。

夢は毎夜続いた。日を追うごとに女性は距離を詰めてきて、そのたびに溺れるように夢から抜け出した。どうしたらこの連続から抜け出せるのか、まったくわからなかった。

女性との距離が縮まるに従って、陶子さんはあのストレッチャーに乗せられるに違いないという思いに囚われるようになった。そうなるともう眠るのが恐ろしくてたまらなかった。

ふと気がつくと、あの廊下に立っていた。女性はもうすぐそこまで歩を進めていた。

いったいどうしたらいいのだろう。どうしたら。陶子さんは硬直する身体を無理やり動かして、慌てて全身を探った。服のポケットに手を突っ込んだとき、指先に硬いものが触れた。

取り出したそれは、母親が生前いつも身につけていた銀の指輪だった。

女のストレッチャーが陶子さんの身体にぶつかりかけた。陶子さんは指輪を女の笑顔めがけて思い切り投げつけた。肌に当たった次の瞬間、女の姿が一瞬にして消えた。踏切で見たのと同じだった。

まぶたを開けると朝になっていた。

その日以降、陶子さんがこの夢を見ることはなかった。

それからすぐ、法事のために久しぶりに村へ帰った。

ついでではないが、なんとなく気が向いたので、陶子さんは実家に置きっぱなしになっていた私物の整理をした。数年ぶりに自分の部屋に入って作業し、よく使っていた戸棚の引き出しを開けたときだった。

そこに指輪が入っていた。母が昔つけていた、あの夢で女性に投げつけた銀の指輪だった。今までどこにあったのかも、なぜ今ここにあるのかもわからなかった。

指にはめると、自分の指にあつらえたようにぴったりだった。そのまま母の形見として身につけることにした。

陶子さんはその日を境に、変なものに一切出会わなくなった。

祖母や母の亡きあとも、二人にずっと護られているのだ。

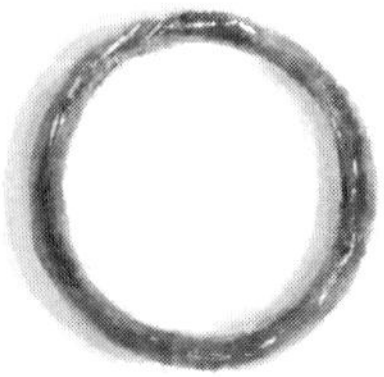

幽霊の感触

いずみさんは一度だけ幽霊に触れたことがある。

高校生の頃だった。夏のある日、広島県福山市の市街地で当時付き合っていた恋人と朝から遊んでいた。

日が傾くまであちこち歩き回った二人は、汗をかきながら福山駅方面に向かって歩いていた。

駅の北側にあるスクランブル交差点には大勢の人が行き交っていた。

二人は人のあいだを縫うようにゆっくりと渡り始めた。

いずみさんはなにげなく前方を見やった。反対側からぞろぞろと渡ってくる人のうち、ある一人の女性が視界に入った瞬間、目が離せなくなった。

女性は外見に特別変わったところがあるわけではなかった。どちらかといえば凡庸なワンピースを着た、目立たない顔立ちのはずだった。しかしなぜか、冷たい恐怖が身体にひたひたと浸透してきた。全身に鳥肌が走り、膝が笑ってうまく歩けなくなった。

いずみさんは自分が何を怖がっているのか、自分でもよくわからなかった。

女性は滑るように交差点を渡ってきた。立ち止まったいずみさんに気がついた彼氏が後ろを振り返り「何してるの」と手を引いた。

このまま行くとあの女性にぶつかってしまう。それなのに彼氏はまったく構う素振りも見せずに手をぐいぐいと引いた。

女性もまたいずみさんと目を合わせることなく、遠くを見つめるようなまなざしで真っ直ぐ歩いてきた。

ああ、ぶつかる。衝撃に備えて身構えたときだった。

柔らかいゼリーに身体を沈めるような感触とともに、いずみさんの身体が女性の身体に深く沈み込んだ。

〝ざざざざ……〟

騒音が耳一杯に鳴った。

女性はゆっくりといずみさんの身体に浸透し始めた。それは身体ではなく極小の冷たい粒の集合体で、いずみさんの内臓や血を冷やしながら通り抜けていった。身体の中身すべてが後ろに引っ張られるような感覚を覚え、瞬間的に吐き気を催した。

女性は間近で見ても普通の人間と変わりなかった。けれど出会ったことがないほど、異様なものだった。

「何してるん、止まっとったら危ない！」

彼氏がいずみさんを叱《しか》った。

歩行者用信号が点滅し、赤に切り替わった。いずみさんは震える足で横断歩道を渡り切ったが、振り返ることはとてもできなかった。

いずみさんの母親や祖母は、昔からおかしなものをよく見ていたらしい。その血筋を感じた出来事だったという。

野の怪

夜釣り

将志《まさし》さんたちが巨大な汽水湖の外れにある釣り場を訪れたのは、八月半ばの真夜中だった。

友人の原田が運転する車から降り、懐中電灯で足元を照らしながら今夜、魚を待つポイントを探すため湖のほとりを散策した。

水が寄せる砂利の上に荷物を降ろしたのは午前一時過ぎだった。

普段はぱらぱらと釣り人の姿が見えるが、この夜は先客の姿はまったくなかった。

夜の釣りは日中に比べて釣果が上がりやすい。夜行性の魚がエサを求めて水面に上がるためだ。多くの湖では釣り人による魚の乱獲を防止するため夜釣りが禁止されているが、この汽水湖は例外だった。

将志さんたちは折りたたみ椅子に腰を下ろし、リールの状態を確かめて、仕掛けと糸をしっかりと結んだ。釣竿を固定する三脚を組み立てたら、竿の先端に夜釣り用の小さな鈴を付けて、それからゆっくりと仕掛けを水に放った。

ライトがなければ手元もおぼつかないほど暗い夜には、鈴の音がエサを食った合図になる。音と竿の手応えを頼りに糸を巻くと、真っ黒な水の中に守られていた魚が、湖面を揺らして姿を見せるのだ。

そのときを将志さんたちは静かに待った。あたりはあまりにも暗く、目をつむっていても開けていても一緒だった。服が擦れる音や、靴の裏の砂利が転がる音が時々聞こえて、確かに近くに友人たちがいるのだと認識できた。

二時間ほど経ったとき、小出がおもむろに立ち上がった。つぶやくように「トイレ」と言うと、懐中電灯をつけて砂利道を歩いていった。

不思議なほどアタリが来なかった。将志さんだけではなく、ほかの竿もさっぱり釣れていなかった。

「なあ、おかしくないか？」

将志さんはふいに原田に声をかけられた。ぼうっとしているうちに、しばらく時間が経ったようだった。

「小出はなんで帰ってこないんだ？　トイレってここから五分もかからないだろ？」

　確かに帰りが遅かった。道がわからなくなって迷っているのだろうか。あるいは体調不良を起こしているのかもしれない。いや、もしかして足を滑らせて湖に落ちているのでは……。

　将志さんたちは段々と不安になり、一旦釣竿を三脚に置き、各々の懐中電灯をつけて公衆トイレへの道を辿《たど》り始めた。

　三分ほど歩いたとき、丸い光の中に小出の背中を見つけた。彼は砂利にうずくまり、両手で耳をふさいでいた。足元に電気がついたままの懐中電灯が転がっていた。

「おい、おい！　大丈夫か！」

　異様なほど肩を震わせて目を開けようとしない小出を見て、ただごとではない事態が彼に起こっているとすぐにわかった。あたりには自分たち以外の気配はなく、ただ木々の梢や虫の鳴き声が聞こえるばかりだった。

「どうした？　体調悪いか？」

　問いかけに小出は首を横に振った。そして震える声で言った。

「いる。いるんだよ」

　将志さんには彼が何を言っているのかわからなかった。

そのとき、遠くから軽やかな鈴の音が聞こえた。不規則に繰り返される、聞き慣れた音だった。

「アタリが来た！　引いてるよ！」

将志さんは腰が引けている小出を無理やり立たせて肩を貸しながら、友人たちとともに釣竿を置いている場所へ引き返した。

元のポイントに近づくと、鈴の音はより激しく鳴り響いた。誰の竿かはわからないが、大物がかかっているのかもしれない。将志さんは気持ちがはやって、もたもた歩く小出を急かした。

その直後、別の場所からも鈴の音がし始めた。ほかの竿にも魚がかかったようだった。

さらに一番遠くの竿の方からも鈴の音が聞こえてきた。

何人もの竿に同時に魚がかかるなんて、これまで経験したことがなかった。

「もう帰ろう。お願いだから……」

絞り出すように小出が言った。

そのうえまたもう一つ、鈴の音が増えたように思えた。

そっちは森だった。真っ暗な木々の中から鈴の音が不規則に響いていた。

先頭が足を止め、小出がいっそう肩を震わせた。全員が無意識に身を寄せ合った。

どう聞いても、鈴の音が多すぎる。自分たちの人数以上ある。

すぐ横の水面からも音がした。はっとして湖を照らすと、背後からもちりりりんと鳴った。

「囲まれてる」

誰かがつぶやいたその瞬間だった。

将志さんの鼓膜のすぐ横で鈴が震えた。全員が、同時に叫び声を上げた。

将志さんたちは弾かれたように走り出して車になだれ込んだ。鈴の音が窓のすぐ外を囲んだ。原田が思い切りアクセルを踏み込み、対向車のない道を猛スピードで街まで下った。

長いあいだ、誰も口を開くことができなかった。深夜の市街地の灯りが車に差し始めても、運転手以外の全員が耳をふさいでいた。

危険な運転を自覚した原田がコンビニの広い駐車場に入った。

見慣れた明るい照明の下に入りたくて、全員が車を降りた。将志さんも冷たい飲み物が欲しかったし、煙草を吸いたかった。

皆がやっと落ち着きを取り戻し、一息ついたときだった。原田が火をつけたばかりの煙草を地面に落とし、踏みつけて言った。

「ここでも鈴の音が聞こえるようになった。もう行こう」

貴重品も釣竿も何もかもが湖にあった。しかし、誰も取りに戻ろうとは言わなかった。将志さんはそれから夜釣りができなくなった。置きっぱなしの荷物は別の仲間に頼んで回収してもらい、竿先の鈴は捨ててしまった。

魚を狙って息巻いていたが、もっと別の何か恐ろしいものに捕らえられかけていたのかもしれない。将志さんは今でも、夜に水のそばに行くと、耳の横で鈴が鳴り出すのではないかと思えてたまらなくなるという。

清滝

真夜中過ぎ、茜《あかね》さんを含む十代後半の男女四人は清滝《きよたき》トンネルの入り口に到着した。友人たちの中でいち早く免許を取った隆《たかし》が、京都のドライブがてら連れてきてくれたのだった。

幽霊や妖怪に興味がなくても、京都にある清滝トンネルの名前を知る人は多いだろう。嵐山の観光地からそう遠くない山中にあるそのトンネルは、子供の足でも行ける立地でありながら数多《あまた》の不気味な噂が流れている。

車でトンネルを通るとボンネットに女が落ちてくる、トンネルの中に誰かの叫び声が響き渡る、車に無数の手形がつく、トンネルに出かけていった人が忽然《こつぜん》と姿を消す……強烈な話は枚挙に暇がない。

茜さんたちもそんな噂を耳にし、刺激を求めて清滝トンネルを訪れたのだった。

メンバーは地元の友達で、茜さんと由真は後部座席に座り、助手席に航太、ハンドルは隆が握っていた。

道中は皆で怪談をしながら笑い合っていたが、いざぽっかりと開いたトンネルの入り口を目にすると、途端に暗闇への恐怖が湧き上がってきた。

トンネルの内部は車一台がやっと通れるほどの幅しかなかった。入り口には車同士のバッティングを避けるために信号機がついており、停止線の前で青に変わるのを待たなければならなかった。

しばらくして、信号が青に変わった。車はゆっくりとトンネルに進入を始めた。

清滝トンネルは全長五〇〇メートルほどだが、内部で蛇行しているので奥が見通せない。ぽつんと灯る橙《だいだい》色の照明以外は真っ暗で、車のライトがあっても慎重に走る必要があった。

三分の一ほど進んだところで、隆が急に車のスピードを落とした。

進行方向に子供が二人立っているのだ。

「何あれ……」

小学生くらいの背の高い女児と、それより少し幼い男児だった。制服姿の二人は寄り添うように立ちながらうつむいていた。

茜さんは戦慄した。真夜中に子供だけでトンネル内にたたずんでいるなんて異常だ。

慌てる茜さんを隆はぞんざいにあしらい、子供のすぐ脇でゆっくりとブレーキをかけた。

運転席のパワーウィンドウを少し下げて、真横の子供に優しい声色で話しかけた。

「どうしたの、大丈夫？」

子供たちは声に反応せず、男の子は女の子の背中に隠れてうつむいたままだった。

「お父さんとお母さんは？」

「乗せて」

女の子が言った。

「お願い、もう帰ろうってば」

茜さんは言った。しかし、その声は無視された。

「お父さんとお母さん、いないの？」

「乗せて」

次の瞬間、女児が窓の隙間から手を突っ込んできた。隆は驚き、手を押しやって車をバックで急発進させた。子供は微動だにせず立ち尽くしていた。

トンネルから出て街の灯りが見え始めるまで、茜さんと由真は後部座席で震えていた。けれど前に座る男性二人はまったく怖がる素振りもなく、女性二人に提案した。

「いや、さっきは驚いて出てきてもうたけどさ、心配やしもう一度見にいった方がいいんちゃうか」

「やんな、心配やんな」

「もう一度行くか」

いやに明るい声色だった。

茜さんと由真は絶対に行きたくないと強く主張したが、男性二人は行こう行こうと譲らない。後部座席の二人はなんとか街のコンビニで車を降り、男性二人が再び清滝トンネルへ車を走らせるのを見送った。

あの二人、おかしくなっていないか。隆にも航太にも話が通じなくなっているような気がした。

茜さんは由真と寄り添いながら隆の車を待った。

二人が乗った車は二十分ほどで戻ってきた。

「トンネルに行ったらやっぱりあの子供たちおったんやけどさ、顔が全然違ったわ。急に乗せるのが嫌になって車を戻したら、しばらくのあいだ早送りみたいな速さで追いかけてきてた」

二人の顔は恐怖をにじませていたものの、いつも通りに戻ったように見えた。

茜さんも由真も、心霊スポットになど二度と行くまいと決めた出来事だった。

村のトンネル

「龍神村の近くにあるトンネルに行きたい」

夫が言った。

私たちはそのとき、数日後に予定していた和歌山県への旅行に向けて、行きたい場所を挙げていた。

そのトンネルについてはこれまでも何度か聞いていた。

十年以上前、夫が当時の恋人と旅行で和歌山県に行った際に、龍神村の周辺をドライブしていて、あるトンネルに入った。

手掘りの跡が残る小さなトンネルで、車一台通るのがやっとの細さだった。短いけれど途中で蛇行しているので出口が見通せず昼間でも真っ暗だった。壁に地下水が滴っており、水音が大きく響いて、急に恐ろしくなったのだという。

「その旅行でほかにどんなところに行ったかとか、何を見たとかは、もうほとんど思い出せないんやけど、そのトンネルに入ったときのことはやけに鮮明に覚えてるねん。なんか、空気が違う感じやったんよ」

　そしてその話の最後には必ず、あのトンネルにどうしてももう一度行きたいのだと付け加えた。

　土曜日の朝、大阪を出発した私たちは、和歌山県の山奥にある心霊スポットを巡ったり、食事を楽しんだりしながら、夕方頃に龍神村に辿りついた。

　そこは山と川に囲まれた緑豊かな温泉郷だった。

　旅館に荷物を置いて、私たちは再び車に乗った。

　トンネルはここのすぐ近くにあると夫は声を弾ませた。

「覚えてる覚えてる」

　夫は車を飛ばして、くねくねと蛇行する細い山道に入っていった。

　しばらく山道を走った。トンネルはなかなか現れなかった。

　山を抜けたと思ったら、村の入り口に戻っていた。

　道を間違えたかもしれないと夫は言って、付近の道をしらみつぶしに探した。しかしトンネルは見つからなかった。

「前回来たときからしばらく経っているし、工事でなくなったとか、閉鎖されたのかもしれないね」

そう言うと夫は頭では納得したようだったが、どこか腑《ふ》に落ちない表情だった。

そんな夫の様子が気になり、旅館に戻ったあと、私はそのトンネルについてインターネットで調べてみることにした。

くまなく見ていくと、地域の心霊スポットについて書かれているマイナーな掲示板に気になる書き込みを見つけた。

〝龍神村の近くに細い手掘りのトンネルがあって、すごく怖かった。あとでもう一度行こうと思ったら、見つかりませんでした〟

夫が言っているのと同じだった。

同様の書き込みが数件あった。偶然トンネルに入り、そのときは恐怖を感じたけれど、なぜかもう一度入りたくなって探しても行けなかったと書かれていた。最近行ったという書き込みもあった。

もしかすると「空気が違う」と感じた夫の予感は当たっていたのかもしれない。

私も一人であれば辿りつけるのだろうか。戻ってこられるのならいいが。

カーブ

陶子さんの高校は山の向こうにあった。

四国地方の奥地にある小さな村に暮らしていた陶子さんは、雨の日も風の日も自転車で険しい山を越えて通学していた。

真夏の午前だった。その日は部活動の練習に行くために一人で山道を漕いでいた。

息を切らしてペダルを踏み込み、ヘアピンカーブをいくつも折り返す長い登りだった。

あるカーブの手前で、古ぼけたカーブミラーが目に入った。

そこには道を折り返した先の景色が映っていた。

その中に、青年が一人立っていた。自分と同じくらいの年齢だろうか、学生服姿の朴訥とした風貌だった。

足に力を込めてカーブを折り返すと、先ほどの青年の姿はどこにもなかった。

陶子さんは違和感を覚えつつも足を止めなかった。坂を進んでも木々が鬱蒼とあるばかりで、青年の姿は見えなかった。

やがて次のカーブに差し掛かった。

視界にカーブミラーが入る。丸い鏡像の中に、先ほどの青年が映っていた。彼は直立して鏡越しに陶子さんを見つめていた。

目が合った瞬間、陶子さんは気がついた。青年の学生服は黒い詰襟だった。こんな真夏に冬の格好をしている。

カーブを折り返した先には、やはり青年はいなかった。

陶子さんは急に怖くなった。変なものがついてきているかもしれない。けれど山の中に一人きりで、どうすることもできなかった。

次のカーブが恐ろしかった。しかし進まないわけにはいかなかった。近づくカーブミラーをこわごわ見ると、やはり青年が映り込んでいた。坂の折り返し地点に立ち、陶子さんを表情もなく見つめていた。

陶子さんは曲がるのをためらって、自転車のハンドルを握ってブレーキをかけた。

立ち尽くしたその瞬間、轟音が響いて、ダンプカーが猛烈なスピードでカーブを曲がってきた。

ダンプカーは陶子さんの自転車をかすめ、エンジンを鳴らしながら過ぎていった。

もし青年の姿に怯《おび》えて立ち止まっていなかったら、間違いなくあのダンプカーと鉢合わせていた。

陶子さんはもう一度カーブミラーを見た。青年は映っていなかった。

彼は陶子さんの身に迫る危機を教えてくれていたのだろうか。それとも危険に誘い込もうとしていたのだろうか。

答えはどこにもないが「見える」体質の陶子さんにとって、もっとも恐怖を感じた出来事だという。

小さな墓

智さんには忘れられない思い出がある。

お盆の時期になると毎年、島根県にある本家に親戚一同が集まっていた。本家は島根県内陸部の山奥にある大きな平屋の日本家屋だった。昔は大勢の家族がそこで暮らしていたが、祖父が亡くなってからは、近くに住む親戚に助けてもらいながら祖母一人で暮らしていた。

大阪の街中で生まれ育った智さんにとって、のどかな田舎に建つ祖母の家に遊びにいくのは、退屈でもあり楽しみでもあった。

その年も例年と同様、法事の前日に親族一同が本家に集まって、夜遅くまで宴会をする予定だった。

とても暑いお盆で、智さんは高校一年生だった。

ほかの親族よりも一足早く本家に到着した智さんたちは、夜の宴会に向けて祖母の手伝いをした。

祖母や母が台所に立ち、父は酒類の買い出しにいった。智さんは続々と到着する親戚を玄関で出迎えて、荷物を預かったりお茶を出したりした。

夕方には半分近くの親族がやってきて、座敷の長机がにぎやかになってきた。

全員が揃うまでにはまだ時間がかかるようだったので、智さんは座敷で年の近い親戚と他愛のない話をしていた。

そのとき、玄関の戸を叩《たた》く音がした。

「智が出て」と台所から母が言った。

玄関に降りてガラス戸を開けると、中年の男女と四、五歳くらいの幼い子供が立っていた。智さんの知らない顔だった。

どこの親戚だろう。もしかしたら近所の住人かもしれない。

うろたえる智さんに男性は言った。

「突然すみません。ここにミフネさんという方のお墓はありますか？」

墓？　変なことを聞く家族だった。ミフネという名前の親戚も聞いたことがなかった。

祖母でなければわからないと思った智さんが台所へ伝えにいくと、祖母はしばらく考え込み「わかった」と言って玄関先へ出ていった。

秋山と名乗る男性は、祖母に丁寧に挨拶をしたあと話し始めた。

「ここにあるお墓を訪ねるように言われたんです」

広島から来たと秋山さんは言った。

最近、広島市に土地を買って戸建てを新築したが、そこに移り住んでからおかしなことに悩まされるようになった。

二階の寝室で眠っていると、夜中〇時を回る頃に突然階段をかけあがる音がする。

強盗か変質者かと身を固くしながらじっと息を潜めていると、寝室の扉の磨りガラス越しに、背の高い人影が寝室を覗《のぞ》いてくる。

女性のような姿だった。しばらくするとすっと姿が消えた。

すぐに警察を呼んで調べてもらったが、家に誰かが入ってきた痕跡は見つけられず、警察官には怪訝《けげん》な顔をされてしまった。

それから女性は毎晩、扉の向こうに立った。原因も目的も何もわからないが、生きているものではないということだけはあきらかだった。

不安にかられた秋山さん家族は、知り合いのつてを頼って憑物祓《つきものばら》いをしているという女性に会いにいった。

話を聞いた女性は西日本の地図帳を広げ、それをじっと見下ろし、島根県のある一点を指差した。

「ここにそのミフネさんという方のお墓があります」

秋山さん家族は言われた通りに車を走らせて、島根県を目指した。

「おそらくこのあたりかと思うのですが、墓地が見つかりませんでした。このお宅があるばかりで……」

秋山さんはうろたえるように言った。

静かに聞いていた祖母はうなずき、

「ついてきてください」

と言って靴を履いた。

祖母は秋山さん家族を連れて家の後ろに回り、裏山に続く雑木林を登り始めた。智さんも祖母の身体を支えながらついていった。

雑木林の奥には家で所有している小さな山がある。

鬱蒼とした木々を抜けて少し開けている場所へ出ると、祖母は小ぶりな石を指し示した。

それは苔むして角が取れた墓石だった。

よく見ると智さんの苗字の下に〝みふね〟と彫られていた。

「これだ！　本当にあった！」

秋山さん家族は驚きの声を上げた。

祖母は言った。

「昔、私どもの親戚で広島に住んでいた女性がいたんです。一人で暮らしていた方で、第一次大戦のあとくらいに亡くなったという報せが入ったんだけれど、当時はご遺体を引き取りにいけなくて、広島で埋葬してもらったと聞きました。お墓もないのは可哀想だということで、この場所に形だけでも墓を作ったのだと聞かせてもらったことがあります。名前を聞いて、久しぶりに思い出しました」

智さんも知らない話だった。

「ずっとうちに帰ってきたかったのかな。あなた方が現れて、ようやくそれを訴えられたのかもしれません」

祖母はそう言って墓石に手を合わせた。それにならい全員で合掌した。

もう夜になるところだった。

祖母ははるばる広島からやってきた秋山さん家族に、よければ夕食を召し上がっていってくださいと勧めた。

家に戻ると親戚が勢揃いしていた。祖母がこの数奇な出来事のあらましを説明すると一同は驚き、秋山さん一家を歓迎しながら夕食が始まった。せっかくだからもう泊まっていったらいいじゃないかと酒も注がれて、あっという間に時間が経っていった。子供たちは別室に寝かされて、智さんがふと時計を見ると、深夜〇時を過ぎたところだった。

突然、玄関の引き戸が開く音がした。

誰もがおしゃべりをやめて、座敷は水を打ったようになった。

長い廊下をすり足で歩く音が聞こえた。

そして、ぴったりと閉じた障子の向こうに、細い長身の人影が立った。全員がその姿を見て固まった。

「なんで……」

秋山さんがつぶやいた。なんでまだ現れるのだろう。帰ってこられたじゃないか。

人影はしばらくそこにたたずんでいたが、ふっと障子から身体を離した。すり足の音が玄関に消えていった。

翌朝早く、秋山さん家族は丁重にお礼を言って帰っていった。

それっきり本家には、あの女性は現れていない。

好意的に解釈するのならば、あの夜、女性は本家に戻れたお礼を伝えに現れたのかもしれない。そしてもう何も訴える必要がなくなったので、人前に姿を現す必要もなくなったのだろう。

しかしそれは本家に限った話だ。秋山さん家族がそれ以降どうしているのかはわからない。便りのないのは元気の証拠という言葉の通り、もう悩まされることはなくなったのではないかと解釈するしかない。

それから祖母をはじめ親族一同は、毎年お盆に集まると、裏山の墓にも手を合わせるようになったという。

黒い車

静岡県で小さな飲食店を営む樫本《かしもと》さんは、釣りが趣味だった。

周囲に釣り好きの人間が多く、若い頃から海や川へ一年中出ていたが、四十代を過ぎ、地元から遠く離れた場所で店を始めてからは、一人で夜釣りに出ることが多くなった。

その日、店じまいをして翌日の仕込みを終えた樫本さんは、釣り道具を山積みにした車に乗り込んだ。

丑三《うしみ》つ時が近づいていた。ひっそりとした市街地を通り抜けて、神奈川県との県境にある小さな湖へと国道を飛ばした。

暗い車内にカーナビの音声がポン、ポンと鳴った。一時間ほどで釣り場に到着する予定だった。街を抜けて山に近づくにつれてあたりがしんと暗くなっていったが、はじめて走る道でもないので、ライトの先を見ながら黙々と車を走らせた。

ふいに、タイヤが砂利を嚙《か》む音がした。ハンドルが取られそうになり、はっとしてあたりを見ると、いつの間にか太い道を逸《そ》れて舗装の剝げた道に入ってしまっていた。

道は、目的地方面と異なる小さな山の方へと延びているようだった。

どこかの分岐を間違えて私道か旧道に入ってしまったのだろうか。

Uターンを切って戻れる場所を探すため、砂利の鳴る道をゆっくりと登ったが、先へ進むに従って道の幅は恐ろしいほど狭くなっていった。

街灯が一つもなく、車から伸びる灯り以外は何も見えないほど暗い道だった。カーナビはそのまま車を走らせるよう指示していたが、記憶の中にある湖までの経路と、今走っている道とは、似ても似つかなかった。

きつい勾配がつづら折りに数十分間続いた。とうとう山の頂上付近に到着してしまったが、奇妙なことに、それまで一つの分岐点もなかった。

頭上に覆い被さるように続いた木々がふっと途切れ、古びた橋に差し掛かった。

橋はどうやら別の山へと延びているようだった。あたりを見回してもおおよその標高さえわからない。じりじりと進むほかなかった。

橋を渡り切った先に、ぽっかりと砂利の空き地が広がっていた。ようやくUターンが切れそうな場所が現れたことに安堵の息をついて、車をゆっくりと転回させた。

ふと、空き地の隅に黒い車が停まっているのが見えた。

こんなところに、ほかの車が来ているなんて。

樫本さんは車を停車させて外に出た。

自分のほかに人がいることにほっとして、声をかけにいったのだ。

近づいて見ると、黒い車はぼろぼろに朽ちていた。

周囲を囲むように、茶色く干からびた花や缶のジュース、朽ちかけた人形のようなものが、山のように置かれていた。まるで供物のようだった。

そうか、自分は連れてこられたのか。

樫本さんは雷に打たれたように悟り、震える足で自分の車に戻り、釣り場で食べようと思っていた水や食料を手に取った。踵《きびす》を返して黒い車の方へ戻ると、すべて供えて膝をつき手を合わせた。

〝ここから出してください。お願いします〟

逃げるように自分の車に戻り、エンジンをかけた。

往路はあんなにくねくねと勾配が続いたはずなのに、復路は元の国道に戻るまで五分もかからなかった。

樫本さんはもう釣りにいく気を完全に失い、そこから真っ直ぐ家路を辿った。

翌朝早くに目を覚ました樫本さんは、昨晩の出来事がどうしても心にひっかかって、日のあるうちにもう一度あの山へ行って全容を確認しようと思い立った。

車に飛び乗って、昨夜と同じルートを巡った。

しかし、いくら走っても、延々とガードレールが続くばかりで、あの奇妙な山に続く舗装の剝げた砂利道はどこにも見当たらなかった。

*

「このあいだ聞かせてくれたあの話、怖かったな。あの話してよ」

隣の席の菜穂子《なおこ》が耳打ちした。その日、私は仲のいい友人と三人で怪談会に参加していた。

それは梅田の外れにある二階建てのビルで開催されたイベントで、広々とした板張りのフロアに大きな円を描くように三十名ほどが座っていた。足元から高い天井まで届く大きな窓の外は雨で、駅ビルの夜景がにじんでいた。

「お客さんの中で、不思議な話を知っている人」

主催者の呼びかけを皮切りに、それまでじっと耳を傾けていた客が一人、また一人と手を挙げて語り始めた。私もそれを聞きながら、何か話せることはないだろうかと考えていた。

　菜穂子が肘を小突いて耳打ちをしてきたのは、そのときだった。

「あの話って、どの話のこと」

　私は小声で尋ねた。

「ついこのあいだ話してくれたでしょ、黒い車の怪談」

「黒い車？」

「橋の向こうに車があるっていう」

　会話を聞いていたもう一人の友人が身を乗り出してきた。

「僕もあの黒い車の話、印象的でした。後を引くというか」

　菜穂子が興奮気味に被せた。

「だよね。よく考えると危ないっていうか、あの場所から出られない人とかもいるんじゃないかなって帰ってから考えちゃった」

「偶然いろいろうまくいっただけなのかもしれないですよね」

　私は、二人の会話についていくことができなかった。

　自分がついこのあいだ話したという「黒い車の怪談」が何のことなのか、まったくわからなかったからだ。

「あの、わからないんだけど、黒い車って何？　たぶんその話したの私じゃないよ。誰かと勘違いしてるんじゃないかな」

暗闇の中で二人の顔が真っ直ぐこちらを向いた。

「何言ってるの。さくらがつい先週話してくれたんでしょう。怖いこと言わないで」

スピーカーから女性の挨拶が響いた。次の客が語り始めようとしていた。

女性の言葉は、まったく頭に入ってこなかった。


イベントが終わり、緊張の糸が解けたようなざわめきが会場に満ちた。

私は改めて二人に言った。

「私、黒い車の話なんてしてないよ。そもそもそんな話知らないから、二人に話して聞かせるなんて無理だよ」

私は、二人が長い冗談をやめて笑い出すのを待っていた。

しかし二人はいつまで経っても硬い表情のまま、どういうこと？　と不安げに繰り返すばかりだった。

友人たちはそれぞれ別の場所で、私から〝黒い車〟の怪談を聞いたのだという。

私は二人と顔を合わせた先週のことを、昨日のように覚えていた。しかし怪談を話した記憶がない。

私はその黒い車の話の詳細を教えてもらった。

それは、私の近しい知り合いである樫本さんの体験談だった。

話に登場する個人的な情報は、生活圏も趣味も事実そのものだった。

でもこれは本当に樫本さんの体験なのか。私がそれをきれいに忘れてしまったのはなぜなのか。

考え出すと恐ろしくなって、私はしばらくのあいだ、本人に確かめることも、誰かにこの体験を伝えることもできなかった。

昨年、勇気を出して樫本さんに確認したところ、その黒い車の話が確かに実体験であり、私にこの話を伝えた記憶があるとの言葉をもらった。

話の出自があきらかになり、少しほっとした。

だが、そこに現れた怪異については、何もわからないままである。

呼び声

ひどい豪雨がやってきて、大分の街から日常を流し去っていった。

大学卒業後、地元の別府に帰っていた伊勢さんは、洪水に飲まれた家屋から泥や廃材を取り除く手助けをひたすらやる日々を送っていた。

一日ずっと動き回ってくたくたになった身体を大きな湯ぶねに沈めたのは、日が暮れかけた頃だった。開店したての温泉はまだ人がまばらで、浴場には伊勢さんともう一人、よく日に焼けたおじいさんがいるだけだった。

二人は自然に世間話を始めた。おじいさんは市街に住んでいるのだと言った。

「おじいさん、不思議な体験をされたことはありますか」

伊勢さんは出会った人に怪談を尋ねるのが趣味だった。おじいさんは嫌な顔もせずに、うんあるよとうなずいた。

おじいさんはかつて市内で個人商店を営んでいた。高齢となり店を畳んでからは、昔から趣味が登山ということもあり、自転車で日本各地を旅して回るようになった。

土地の人と交友を結び、途中で困った人がいたら手助けをしながら進む、地道な旅だった。

その日、おじいさんは山形県の峠を越えようとしていた。

長く険しい道だった。おじいさんは懸命に登り続けたが、やがて山々を照らす日が傾き、影が差し始めた。早く街に降りなければ、外灯一つない山に一人きりになってしまう。

あたりは人の気配がなく、歩く人はおろか自動車さえ通らなかった。

山の風が吹き付け梢がざわざわと鳴った。その音のずっと遠くに、何か聞こえた。

高く伸びやかな声だった。

カラス、狐《きつね》……いったいなんの動物だろうか。声は繰り返し発せられ、次第に大きくはっきりと聞こえるようになった。

〝おーい〟

〝おーい〟

それは人の声だった。女性のようにも子供のようにも聞こえる、高く間延びした呼び声だった。

おじいさんは自転車を漕ぐ足を止めて、声がする方を見やった。

山肌には不法投棄されたゴミが散乱していた。声はそのずっと奥から聞こえていた。

ただでさえ厳しい山の奥に、女性や子供が辿りつけるだろうか。何かの犯罪に巻き込まれてここに連れてこられたのか、あるいは自動車事故か何かでその場に取り残されているのか、いずれにしても助けに向かう必要があった。

おじいさんは路肩に自転車を停め、声が聞こえる藪の中へ進んでいった。

〝おーい〟

〝おーい〟

声は変わらず呼び続けた。それほど離れてはいない。

「おーい！　大丈夫ですか！」

おじいさんが声を返すと、おーいが一度ぴたりとやんだ。

〝おーい。こっち〟

声の主は明確におじいさんを呼び始めた。

〝おーい。おじちゃん、こっち、こっち……〟

こだまを返すようにおじいさんは「おーいおーい」と呼びかけながら、木のあいだをずんずんと進んだ。

やがて小さな空き地のような場所が見えた。そのあたりに声の主がいるはずだった。

おじいさんは立ち止まって見回した。しかしどこにも人の姿はなく、それなのに声だけが「おーい、こっち」と呼んでいた。

そのとき朽ちたゴミの上に置かれた白いものに目が吸い寄せられた。

それは一通の封筒だった。

〝おーい。こっちだよ〟

声は封筒から発せられた。そして何も聞こえなくなった。

おじいさんは導かれるようにその真新しい封筒を手に取った。

中を覗き込むと、五千円札が一枚入っていた。

おじいさんは思った。もしかしたら、これまで何度か人助けをしてきたことを、お天道様か何かが見てくださっていたのかもしれない。そして私を労ってくださったのだ。

畏怖と感謝の念を抱いて山を降りたおじいさんは、五千円札を交番に届け、旅を続けた。

伊勢さんは、温泉で出会ったおじいさんが語った体験談をすぐさま数名の友人に伝えた。

そして、翌日からまた災害支援のボランティアにあたった。

＊

それから数ヶ月の月日が経った。

その日、自宅でゆっくりと過ごしていた伊勢さんは、テレビから流れてきたニュースに目が釘付けになった。

数日前から山口県で二歳の男の子が行方不明になっていた。大勢の警察官が行方を探して沢や井戸をさらったが、見つけることができないまま無情に時間が流れていた。その男の子が、先ほど山の中で無事に保護されたというのだ。

警察官や報道陣が慌ただしく行き交う中で、一人の男性に抱きかかえられた男の子の姿が映った。大事そうに男の子を抱えていたのは、あの日、温泉で出会ったおじいさんだった。

おじいさんはそれまで誰も捜索していなかった山の中で男の子を見つけ出し、両親の元へ送り届けたのだった。

取材に対しておじいさんはこう語った。

親とはぐれた子供は、海の方へ降りていくより、坂を上って山の方へ行くんじゃないかと思って、山に入りました。男の子の名前を呼びながら探していると〝おーい。おじちゃん、こっち、こっち〟と聞こえて、その声の呼ぶ方へ行くと、大きな岩の上に男の子が座っているのを見つけたんです。

本当は幼い子供の声なんて聞こえるはずがないのに、きっと風が私の耳に声を届けてくれたんだと思います。私はほんのわずかなことしかしていません。ほとんどお天道様の導きなんです。

伊勢さんは、その声が以前にもおじいさんに呼びかけたことを知っていた。

人の怪

遊園地の写真

黒川さんの勤めていた写真店には、毎日さまざまなお客さんが写真の現像を依頼しにやってきた。

デジタルカメラではなくフィルムカメラが主流だった時代である。

お客さんから持ち込まれたフィルムを現像したり焼き増ししたりするのが黒川さんの仕事だった。

毎日数百枚の写真をチェックしていると、時々おかしな写真が混じっていることがあった。

カメラの構造をよく知っているからこそ、写っているはずがないものが現れている写真は恐ろしく、変な写真が出てきたときには同僚たちと見せ合って恐い恐いと盛り上がっていた。

フィルムを持ち込む人はばらばらなので、撮影された場所やシチュエーションもさまざまだったが、特に変なものがよく写る場所があった。

それは関東地方にある巨大な遊園地だった。

そこは日本で一番と言ってもいいほど人気のテーマパークだった。大勢の人で常ににぎわい、楽しげな雰囲気が溢れていて、暗さやおどろおどろしさとは対極にあるような場所だが、黒川さんの体感ではそこで変な写真が出てくることが異様に多かった。

ある日、黒川さんはインスタントカメラで撮られたフィルムを現像していた。

家族三人で件《くだん》の遊園地を回っている光景が収められていて、アトラクションに並ぶ様子や、キャラクターとハグをする子供、昼食をとる母子など、終始楽しげな家族の休日が写っていた。

黒川さんの手が止まったのは、フィルム終盤の写真だった。

夕焼け空に大きな城が写っていた。手前にはキャラクターの形に剪定された木々があり、そこで親子三人がカメラに向かってピースサインを向けていた。

後ろの方に、頭の先から足元まですべて橙《だいだい》色に染まった女性が小さく写っていた。

夕陽と同化したような、まるでそこだけがセピア写真になったような姿だった。

女性は空を見上げるように立っていた。感情の読めない表情だった。

おかしな写真があった際には、依頼主に不安を与えないために「一枚撮影に失敗している写真がありました」と言って、写真を渡さないことになっていた。

黒川さんと同僚たちはこの写真を囲んであれこれと噂をした。あんなに華やかで夢のある場所で、どうして変な写真が撮れるのだろう。夜とか墓地とかならまだしも、このコントラストが逆に怖いよね。


それから数ヶ月後だった。黒川さんは焦った様子の同僚に声をかけられた。

「さっき焼いたんだけど……」

同僚は一枚の写真を見せた。

若いカップルが仲よさそうに腕を組んだスナップだった。空は橙色に色づき、後ろにあの遊園地の城が写っていた。

カップルの横に、あの全身橙色の女性が写っていた。先日の家族写真と同じ女性だった。

「こんなことがあるなんて……」

戸惑いながらも興奮を覚えた。変な写真が出てくることは数あれど、別の人が撮影した写真に同じものが写っていたのははじめてだった。

一箇所、気になるところがあった。女性がカメラの方を向いていたことだ。橙色の女性はうつろな目でカメラを見つめていた。

それから数週間おきに、女性の写真が上がるようになった。

必ずあの遊園地で、背景には夕焼け空に照らされる城があった。

黒川さんは遊園地で撮影された写真を焼くのが、段々と怖くなっていた。

女性が写り込んだ写真は綿々と続いた。女性はいつも同じ姿形でこちらを見つめていた。

「ねえ、なんかおかしくない？」

あるとき焼き上がった写真を見ながら同僚が言った。お客さんに渡せない写真はもうかなりの数にのぼっていた。

「この女の人、はじめの頃はもっと小さかったよね」

そこにはあの女性が写っていた。言われてみればはじめに見たときよりも、ずっと鮮明になっている気がする。

「すごく嫌なことを言うけれど、この女の人、段々大きくなってないかな」

同僚の言う通りだった。はじめは家族の後方にいて、全身が小さく写っていた。けれど今は腰から上しか写っていない。

「ねえ、この写真を持ってきたお客さんは当たり前だけどまったくの他人だよね。なのに連続してこの女の人は出てきて、段々大きくなっている。これってもしかして、私たちが目的なのかな」

「どういうこと？」

「私たちがここで写真をこっそり見ていることに、この女の人は気づいているんじゃない？　それで段々カメラに、私たちに近づいてきているんだとしたら……。どうしよう。私、怖い」

皆がその言葉でパニックになり、それ以降お客さんに渡せない写真について話題にするのをやめた。

それから黒川さんは写真店を退職するまで、あの遊園地で撮影された写真を直視することができなかった。

最後に見た遊園地の写真には、画角いっぱいに女性の顔が写っていたという。

実家の心霊写真

そういえば私の家にも心霊写真が眠っている。

幼い頃、母はいつも写真を撮っていた。家の周り、外出先、海水浴、ペットの鳥やハムスター、産まれたての従妹が訪ねにきた日など、なにげない日常の風景をたくさん収めていた。

それらは現像されたあと、簡単なアルバムにしまわれることもあったが、多くは戸棚の小さな引き出しに印画紙をそのまま重ねて置かれていた。

その引き出しには一家の数十年分の写真が入っていて、母や伯母たちの若い頃の写真や、祖父母が出会った当時の写真まで入っていた。

カメラに海の砂が入ってシャッターが下りなくなったところで母のカメラブームは惜しくも去ったが、その後も時々は戸棚を開けて写真の束を取り出し、見返しては家族でわいわいと楽しんでいた。

その中に心霊写真が一枚あった。

それはある近しい親族の葬式や法事に際して撮られた写真のうちの一枚で、和室に新盆の祭壇を作ったときの様子が収められていた。

三段ほどの白い祭壇には、故人の位牌とその両親の写真が置かれており、その下には果物とろうそくが供えられている。

祭壇は床の間と押し入れをふさぐように設置されているが、写真右上の長押に額装された三枚の写真が飾ってある。

それは祭壇に飾ってあるのと同じ故人の両親の写真と、晩年の二人が並んで写るスナップ写真だった。

その故人の母の写真に被るように、知らない人物の顔がくっきりと写っていた。

視線をカメラに向けてじっと睨み付ける形相は非常に恐ろしく、ひと目見ただけでも忘れられないインパクトがあった。

「心霊写真見る？」

母は時々思い出したようにその写真を戸棚の中から探して、家族で覗《のぞ》き込んでは怖い怖いと大騒ぎしていた。

そんな記憶があったのだが。

〝あの写真って今もあるのかな〟

メールで聞くと、母は〝探してみる〟と言ってくれた。

一時間ほどでメールが届いた。あの写真をスマホで撮影した画像が添付されていた。

こんな写真だったろうか。

メールにはこう書かれていた。

〝写真が無造作にごちゃごちゃとしまってある引き出しを開けたら、なんと、一番上のアルバムの一番はじめのページに挟まっていました。怖い！　なぜ？

記憶では、白くはっきりと煙のようなもので顔が出ていたと思うのだけれど、出てきた写真は記憶と違っています。

もしかしたらもう一枚あるのかな。探したけど見つかりませんでした。

この写真の襖《ふすま》の上部におばあさんの写真があるでしょう？　おばあさんの顔に重なるようにして、半透明の男の人らしい顔が写っています〟

母から送られてきた画像を見る限り、顔らしきものはどこにもなかった。

後日、母から写真の実物が送られてきた。

間近に写真を見ても、私の幼少期には確かにくっきりと写っていたはずの顔が消えて、もやもやと白っぽい煙のようなものだけが残っているばかりだった。

経年変化によって写真が色褪せたのかもしれないが、だとしても顔の部分だけが消えうせることはあり得るのだろうか。もっと不可解なのは、白い男の顔が退《の》いたことによって、女性の写真が以前よりもよく見えるようになっていたことだった。

もし写真が〝撮って終わり〟ではないのだとしたら。こちらを睨みつけていた人は、どこへ行ってしまったのだろうか。

ファインダー

小さな写真店に黒川さんが勤めていたのは二十年ほど前のことだ。

そこはファミリーレストランや紳士服チェーンの立ち並ぶ国道沿いにこぢんまりと建つ店で、小さな受付カウンターの奥に、大型の現像機や裁断機が所狭しと置かれていた。黒川さんはそこでお客さんから持ち込まれたフィルムを現像したり、写真道具を販売したりしていた。

従業員も少なければ客足もほどほどののんびりとした写真店だったので、店での業務だけでは経営が成り立たず、黒川さんには出張カメラマンとしての仕事も与えられた。

運動会やビルの施工風景、ポートレート撮影など、依頼は多岐にわたったが、電話があれば一眼レフカメラと三脚を持ってどこへでもかけつけた。

店に勤め始めてしばらく経った頃だった。店に撮影の依頼が入った。

「葬儀なんですが、大丈夫でしょうか」

依頼主の老人は電話の向こうで言った。


朝早く山奥の斎場に到着した黒川さんは、広い駐車場の端に車を停め、機材を入れた鞄を下げて依頼主の元へ向かった。

ホールの入り口に立っていた壮年の男性が声をかけてきて、依頼主だと名乗った。九十代の母親が老衰で亡くなり、親戚が大勢集まるので、記念に写真を撮ってもらいたいのだという。

案内されたホールには立派な祭壇が設置されていた。遺影には白髪の女性が写っており、その笑顔から優しい人柄が伝わってくるようだった。

やがて喪服姿の参列者がぞろぞろと集まり、静かに式が始まった。

穏やかな告別式だった。別れの邪魔にならないように参列者の姿を写真に収めているだけで、故人の女性がどんなに慕われていたか伝わってくるようだった。

式が終わり、昼を挟んでいるあいだに、遺体は同会場にある火葬場へと移された。この日は一日で告別式から火葬の骨上げまでを行うスケジュールだったが、依頼主から「火葬のあいだを利用して、参列者一同の集合写真を撮ってほしい」と頼まれた。黒川さんはそれを快く引き受け、葬儀場の従業員の協力もあり、日の差す駐車場で撮影することとなった。

春の空の下に喪服姿の人々が集合した。

高齢者や子供、近しい親族は前列のパイプ椅子に座り、そのほかの参列者は背の高さによって立ち位置を調整した。真ん中の椅子には故人の遺影を置き、皆で囲んでいるような構図になった。

三脚にカメラを固定した黒川さんは、ファインダーを覗きながら構図を決めていった。皆に肩を寄せてもらい、きれいに撮れるように絞りを調節した。

「お待たせしました！　撮ります！」

大きな声で呼びかけて、ファインダーを覗き込み、シャッターボタンに指をかけたときだった。

急に、先ほどまではなかった違和感を覚えた。

実際の像とファインダー越しの像が、どこか違う気がする。

黒川さんは二つの像を何度も見比べた。そして気がついた。

ファインダーの中にさっきまで写っていたはずの遺影がなかった。代わりに、故人の女性がそこに腰かけていた。白い着物を着て、遺影と同じ微笑みをカメラに向けていた。

黒川さんは固まってしまった。女性は顔をほころばせて、再度表情を作り直した。

「ちょっと！　来てください！」

あまりのことに黒川さんは依頼主を呼び、ファインダーを覗くように促した。依頼主はいぶかしみながらそれに従ったが、すぐに大きな声を上げげた。

「えっ！　お母さんがいる！　お母さんがいる！」

声を聞いた喪服の列が散り散りに乱れた。皆が三脚を囲み、代わる代わるファインダーを覗き込んでは、驚愕と感嘆の声を漏らした。ファインダーの中の故人を全員が確認することができた。

ずっとファインダーを覗き込んで離れない人、別れの言葉を伝える人、一度引いた涙が戻ってくる人、しばらくのあいだ皆がファインダーを覗きながら別れを惜しんだ。

泣き笑いする参列者たちはそのうち三脚から離れ、再びカメラに向かって列を作った。

黒川さんはもう一度ファインダーを覗き込んだ。葬式らしからぬ笑顔を浮かべた人々と、白装束の故人がそこに映っていた。高揚感を抑えながら何枚も写真を撮った。

骨上げが終わり解散となったあと、依頼主は黒川さんに深謝した。

「来ていただけてよかったです。おかげで、母に直接別れを言うことができました」

写真店に戻った黒川さんは、すぐにその日撮影したフィルムを現像した。早くあの集合写真を見たかったのだ。

日差しを浴びながら笑顔で並ぶ喪服の人々の真ん中に、おばあさんはいなかった。連続で撮った写真の何枚目でもそれは一緒だった。

おばあさんはただ、椅子の上に置かれた遺影の中で優しく微笑んでいるばかりだった。

ある動画

ある夜から聡太さんは眠れなくなった。

二〇一九年初春、高校の勉強の息抜きをするつもりで動画サイトを巡回していた。トップページにはよく視聴している動画の傾向に合わせたおすすめがリストアップされていて、その中に興味を惹かれるタイトルがあった。

それは十分程度のオカルト系動画だった。

聡太さんは当時、都市伝説や怖い噂の動画を暇つぶし程度に見ており、このときもなにげなく視聴を始めた。

「夢の中であなたの前世の記憶が見られます」

覆面の男性が現れて、前世を知る方法を紹介し始めた。

それは自分の心の奥深くに潜り、そのまま眠ると前世の記憶が夢の中に現れるというものだった。

真偽はさておき、面白い夢が見られるならやってみてもいいかもしれない。

軽い気持ちで前世を見る方法を試すことにした。

動画の指示に従ってベッドに横になり、入眠のための瞑想を始めた。

頭の中に大きな扉を思い描き、その先に自分の子供時代の風景をイメージする。そして、先ほどよりも少し小さい扉を想像し、その先にはもっと幼い頃の風景を広げる。扉を通り抜けるたびに自分が少しずつ幼くなっていくのを思い浮かべながら、やがて幼児から赤ん坊に帰り、母親の胎内に戻る――。動画の中では、さらにその続きを思い浮かべるように指示があった。母親のお腹の中から空に引っ張られるのをイメージし、そのあとに見えたものが自分の前世なのだという。

それは、トラウマ治療でも使われる退行催眠に少しアレンジが加えられたものだった。

仰向けになって瞑想しながら、聡太さんは身体に違和感を覚えた。全身の感覚が鈍い。

気がつくと、身体中激しい痺《しび》れに襲われていた。

苦しさで目を開けると、暗い部屋の天井付近にまぶしく光るものがもやもやと漂っているのが見えた。

驚いた次の瞬間、それは落雷のように降りそそぎ、身体にめり込んできた。

途端に体内に激しい異物感を覚えた。身体を奪われるのでは、という思いが湧いてきて、聡太さんは全身になけなしの力を込めて抵抗した。

どれくらいの時間が経っただろうか。なんの前触れもなく全身の痺れが解けた。それと同時に体内の異物感も抜けていった。

やっと終わった。いったい何なんだ。聡太さんは激しい疲労感にぐったりと目を閉じた。しかし、異常事態はその夜だけで終わらなかった。眠ろうとするとそれは現れ、身体に入り込もうとした。それは幾晩も続き、聡太さんはうまく眠れなくなってしまった。

数週間後、聡太さんの一家は、病気療養中の祖母に付き添うため、祖母が一人で暮らす一軒家に引っ越した。聡太さんには屋根裏部屋が自室として与えられ、夜遅くまで勉強や趣味に没頭したり、一人でゆっくりと過ごすことができるようになった。はじめは環境の変化に戸惑いもあったものの、元の家では独立した自分の空間がなかったため、おおむね好ましい変化だった。

しかし、寝る場所が変わっても眠れないことは変わらなかった。

夜に目をつむると、まぶたの中にもやもやと光るものが現れ、稲妻のように身体に入り込んでくる。手足が意思と関係なく勝手に震えだし、呼吸さえうまくできなくなる。全身の筋肉に力を込めるとそれは出ていくが、何もしなければいつまでも自由は戻ってこない。

そればかりか、じわじわと身体を乗っ取られるような不気味な感覚に襲われる。

聡太さんにとって、さらに不安を増幅させる要素があった。もやもやと不鮮明だったものが、日を追うごとに段々と形を取るようになったのだ。

季節が進み暖かくなるにつれて、人のような姿や顔のようなものが見えるまでになった。

入退院しながら闘病していた祖母が七月末に亡くなった。祖母の家はそのまま聡太さんの両親に引き継がれ、一家は引き続き祖母宅に住み続けることになった。

ある夜だった。聡太さんがベッドで寝支度をしながら、ふと気配を感じて視線を上げた。部屋の中に、見慣れないものが浮いていた。

それは笑顔でピースサインを作る子供の人形だった。

人形は聡太さんの方にゆっくりと近づいてきて、身体に沈み込んできた。途端に手足の感覚が遠のき、全身が痺れて震えが走り出した。

次の瞬間、横になっていた身体が勝手に起き出した。

身体が取られる。聡太さんは半ばパニックになりながら暴れるように力を振り絞って、身体の感覚を取り戻した。

不安を覚えた聡太さんは、身近な友人にこの一連の出来事を相談するようになった。しかし解決策は得られないまま、半年以上にわたり眠りづらい夜が続いている。

催眠療法を元にしたあの術は、はたして本当に〝前世を見るため〟のものだったのだろうか。あるいは、もっと別の、呪いの類だったのではないだろうか。

おまじない

唯子《ゆいこ》さんには航《わたる》という彼氏がいた。

共通の趣味を通じて知り合い、交流を深めるうちに恋仲に発展して、はじめは仲睦まじく過ごしていたが、社会人同士の付き合いのためなかなか時間が合わなかったり、価値観の違いが表出したりして、徐々にお互いに不満を持つようになった。

あるとき航が約束を破ったことにより、二人の溝は決定的になった。唯子さんはゆっくりと話し合うことを求めたが、航はあれこれと理由をつけて、連絡もおろそかにするようになった。

唯子さんはそれでも恋人が好きだった。二人の将来を思い描いていたし、二人の問題は時間をかけて解決していけばいいと考えていた。

やがて航が二股をかけ始めて、それをうまく隠そうともしないことに気がついても、唯子さんは二人の関係を諦められなかった。

そのうち連絡は途絶え、こちらからも航に連絡することができなくなった。あんなに思っていた恋人に着信拒否された事実が、心に受け止め切れないほど重くのしかかった。

唯子さんの部屋には、まだ航が遊びにきたときの部屋着や持ち物が残っていた。このものたちと同様に、自分も彼に忘れられていくのだということが悲しくてたまらず、何日間も泣いて過ごした。

航は時々思い出したように会いにきて、一晩経つとまた姿を消してしまった。どっちつかずのぞんざいな扱いは余計に唯子さんを苦しめた。


季節が変わり仕事が忙しくなっても唯子さんは鬱々とした気持ちをぬぐい去れずにいた。頭ではこのまま落ち込んでばかりはいられないと思いながらも、一人になるとやり場のない怒りが込み上げたり、涙を流して自暴自棄になったりを繰り返してしまった。

その夜、唯子さんは自室で目的もなくスマホを触っていた。

「おまじない」と検索してみたのはほんの気まぐれだった。願いが叶うおまじない十選、恋愛に効く最強のおまじない、おまじないで毎日が輝く……子供だましで現実味のない言葉が画面に並んでいた。

　唯子さんはおまじないを信じたことはなかった。強い興味も目的もなかった。

　たまたまアクセスしたのは、個人が作ったとひと目でわかる簡素なウェブサイトだった。全体的に作りが粗く、昔ながらの雰囲気が漂っていて、しばらくのあいだ更新されていないようだった。

　しかし、その内容は目を見張るほど充実していた。さまざまなおまじないが用途別に掲載されており、呪文を唱えるものや、道具を用いるもの、月夜の晩に行うものなど、閲覧しているだけで面白かった。

　おまじないの続きを求めて、ページの下部へスクロールした。一番下に「禁」と書かれたリンクがあった。

　リンク先のページには小さな文字でこう書かれていた。

「注意。以下のおまじないを行って不幸や不利益が生じても、当方は一切責任を負いません。自己責任で行ってください」

　その下に呪いの方法がずらずらと書かれていた。

　病気にさせる方法、怪我や事故に遭わせる方法、幸せを奪う方法……見ているだけで毒気に中《あ》てられそうな文言の中に「一生離れられなくなる呪い」とあった。使用するものは毛髪や爪といった相手の身体の組織、水と米と酒。なにげなく航が置いていった服を見ると、繊維に短い髪の毛が絡みついていた。

唯子さんは何かに突き動かされるように、呪いをかけてみる気になった。

手順に従って水や酒を用意し、それらに呪詛をかけ、流し台で火をつけた。炎はゆっくりと航の痕跡を燃やしていった。頭のどこかでこんなことをして何になるのだろうと思いながらも、身体が勝手に動くようだった。

やがて火が消えて、灰が残る。それを慎重に集めていく。そして呪いの仕上げとして、窓から航の家がある方角へ向かって、灰に息を吹きかけた。

街灯に照らされた灰がきらきらと闇夜に消えていった。

その瞬間、唯子さんの胸にずっとつかえていた苦しさがふっと消えた。航に抱いていた好意がなぜかずっと遠い過去のものに思えた。

何が起きたのだろうかと戸惑っていると、スマホにメッセージが届いた。航だった。誠実で情熱的な文言で、唯子さんとの復縁を望んでいた。まるで人が変わったようだった。

唯子さんは無性に恐ろしくなった。タイミングの妙にしても気味が悪かった。航に返事をしないまま、アドレスを変更した。しかし、数日後には、知り合いを伝って新しい連絡先を得た航が連絡してきた。自分は何かとんでもないことをしてしまったのではと後悔するほど、異様な執着だった。

現在でも唯子さんが連絡を返していないにもかかわらず、航からのメッセージが途絶えていないのだという。

航はメッセージの中で、君のことだけがどうしても忘れられない、君のことしか考えられないのだと、それればかりを繰り返しているのだそうだ。

僧侶と猫

仏教系の大学を卒業後、修行僧の独身寮に入っていた植田さんは、たびたび田原さんが猫を可愛がっている姿を目にしていた。

田原さんは臨済宗のある宗派に属する僧侶の先輩で同じ寮に住んでいた。寮の外に猫を見つけると、たとえ人の目があっても、抱き上げたり話しかけたりしていた。

はたから見ていると、田原さんが猫に愛情を注ぐ様は少し異様ですらあった。

「本当に猫がお好きなんですね」

植田さんはあるとき、なにげなく田原さんに話しかけた。

「いや、違うねん。これは好きとかじゃないねん。理由があるねん」

そう言うと、田原さんは幼少期の出来事を話し始めた。

田原さんの出身は中部地方の田舎だった。

人口が少なく娯楽もない土地で幼少期を過ごす中、小学生だった田原さんと友人の三人組は好奇心を持て余し、凄惨な遊びに興じるようになった。

その遊びとは野良猫をいたぶることだった。

石をぶつけたり砂をかけたり、ときには殺してしまうことさえあった。

猫の命を命とも思わず、いたぶりなぶることに対してなんの抵抗感も抱いていなかった。

ある日、三人は人気《ひとけ》のない庭で、いつものように捕まえてきた野良猫をいじめていた。

ふと気がつくと、背後に人が立つ気配がした。

視界の端に大柄な体躯《たいく》と長い足が見えた。大人に見つかったことで田原さんは途端に後ろめたさを覚え、泣き出しそうになりながら振り向いた。

きちんとした背広の男だった。首から上は大きな猫の頭だった。

大きな猫が何も言わずにこちらを見下ろしていた。

三人は叫び声を上げて逃げ帰り、猫からの報復を恐れて、それ以降一切の暴力をやめたのだという。

「だから、これは可愛がってるとかじゃないんよ」

田原さんはずっと贖罪《しょくざい》をしていたのだった。

インターホン

雨が降る夜だった。

和幸さんは東京の一人暮らしのマンションで彼女と一緒に週末を過ごしていた。二人で他愛のない話をしたり映画を観たりしているうちに、気づくと深い時刻になっていた。

〝ピンポン〟

唐突に部屋のインターホンが鳴った。こんな遅くに誰が何の用事で訪ねてくると言うのだろうか。

「なんだろう？　ちょっと見てくるね」

彼女が廊下に歩き出しかけたその腕を和幸さんは取った。

「ちょっと静かに。様子を見よう」

自分でもどういうわけかわからないが、応答するべきではないと和幸さんは直感的に思った。

しばらくのあいだ、玄関の扉を隔てた向こう側に気配があった。二人で息を殺していると、和幸さんの携帯に一本の電話が入った。

相手は熊本県の母親だった。

「今さっき、ばあちゃんが息を引き取ったよ」

和幸さんを可愛がり、上京してからもずっと気にかけてくれていた祖母の訃報だった。

おばあちゃんが死んでしまった。

肩を落とす和幸さんは彼女に慰められながら、玄関扉をゆっくりと開けてみた。

一面大粒の雨に濡れた共用廊下に、つま先を和幸さんの部屋に向けた二つの小さな足跡だけが濡れずに残っていた。

はるばる九州から祖母が別れを言いにきてくれたのだと和幸さんは思っているという。

百合の花

長谷川さんにとって母方のおばあさんは特別な存在だった。

おおよそ一般的なおばあさんらしさとはかけ離れた突拍子もない人だったが、温かく不思議な思い出をたくさん作ってくれた。

おばあさんは早くに夫を亡くし、ずっと一人で暮らしていた。頻繁に住処を変える癖があり、たびたび行方をくらましたり一切の連絡手段を断ったりしながら自由奔放に暮らしていた。

長谷川さんが小学生の頃、山口県の奥地に居を構えてからは、放浪癖も少し落ち着いたようだった。

幼い頃、長谷川さんはおばあさんの家で何かに触れたことを覚えている。

おばあさんは唐突にそれまでの会話をやめて、皺《しわ》の寄った手で長谷川さんの手を優しく取り、導くように空中のある一点に触れさせた。

その握り拳大の空間だけが、背筋が凍るほど冷たかった。

長谷川さんが怯《おび》えていると、おばあさんは反対の手を取り、空中の別の場所を触らせた。そこは温泉のように温かく、熱気が腕を伝って全身がポカポカするほどだった。

「わかるか？」

おばあさんは長谷川さんにそう聞いた。

「うん、わかるよ」

答えると、おばあさんはにっこりと笑った。どうして笑うの？　という質問には答えてもらえなかった。


長谷川さんが小学校高学年に上がる頃、兄からこんな話を聞かされた。

「ばあちゃんはな、人には見えないもんが見えるんや。狐《きつね》とか悪いものを祓《はら》う仕事もしてるけど、とにかく良いものも悪いものも引き寄せてしまうんや」

長谷川さんに驚きはなかった。おばあさんとはそういう特別な人なのだと会うたびに感じていたからだった。

おばあさんと写真を撮ると必ず何か変なものが写り込んだ。おばあさんはそれをすべて仏壇に供え、毎日一時間以上、霊一人ひとりにお経を唱えて供養していた。

長谷川さん自身、祖母に幾度も助けられた。

高校時代、家に友達が遊びにきたときだった。

調子に乗った友達がギターをめちゃくちゃに弾きながら歌うのを笑いながら見ていると、部屋の壁にかけていた丸い鏡の中に、人の手が映っていることに気がついた。フォークボールを投げるような形の手はじりじりと手前の方に寄ってきて、まるで鏡から出ようとしているかのようだった。長谷川さんは慌てふためき、おばあさんの知恵を請うことにした。

固定電話の受話器を持ち上げ、電話番号をダイヤルして耳に当てると、おばあさんはワンコールで電話を取った。

「わかっているよ。鏡のことだろう。大丈夫、その鏡を今すぐ捨てたらいいからね」

おばあさんは優しい声で長谷川さんをなだめた。

長谷川さんは言われた通りに鏡を外し、家の外に捨てにいった。それから家の中にあのおぞましい手が現れることはなかった。


おばあさんは九十六歳で亡くなった。

「おばあさんの死に目に会わせてくれ」

長谷川さん一家は掛け合ったが、本家の親族にそれを拒まれた。

「分家の分際でおばあさんを看取ろうなどとおこがましい」

悲しみに暮れる長谷川さん一家がおばあさんの遺体に対面できたのは、寝ずの番の夜になってからだった。

長谷川さんは兄弟と一緒におばあさんの遺体に手を合わせ、たくさんのお礼の言葉とともにあの世での冥福を祈った。

丑三《うしみ》つ時、大きな本家の屋敷の中で、目を覚ましているのは長谷川さん一家だけだった。

悲しみと喪失感で誰もが言葉もなくうつむいていた。ふと静かに声をかけられたような気がして、長谷川さんたちはうなだれていた顔を同時に上げた。

たくさんの仏花が飾られた祭壇の中に、つぼみの百合がいくつも飾られていた。

その固く閉じられていたつぼみが一斉に動き出し、ほんの数秒で満開になった。

部屋の中に線香の香りをかき消すほど百合の香りが満ちて、長谷川さん一家にはそれがおばあさんからの最期の挨拶に思えた。

長谷川さんは、おばあさんが亡くなってから数年経った現在でも、おばあさんとの思い出に励まされているという。

離別

四年間一緒にいた恋人との最後は萌さんにとって納得できるものではなかった。

学生時代から付き合って、ずっと近くで過ごしてきたから、お互いのことをなんでもわかっていると思っていた。社会人になってもうまくやっていけるはずだったし、将来のイメージの中にも恋人の存在があった。しかし恋人は同じ考えを抱いていたわけではなかった。

信頼を置いていた相手にひどく裏切られ、別れることになった萌さんは、頭を切り替える時間もないまま毎日仕事に追われていた。

忙しい一日が終わると、仕事の疲れと一人暮らしの余白が襲ってきて、くたくたの身体に別れの傷がしみて、毎晩さめざめと涙を流していた。

別れた恋人から着信があったのは一ヶ月ほど経った夜だった。

動転しながら電話に出ると、恋人は電話口で怒っていた。

「もういい加減にしてくれよ」

唐突な物言いに萌さんは言葉が出なかった。私が何かしただろうか？

「あのさ、俺が寝ようと思ってるときに、毎晩毎晩ベッドの横に立って泣くのはやめてくれ」

詳しく話を聞くと、彼の枕元に自分が立っている時間と、自室で涙を流している時間がほとんど一致していることがわかった。萌さんも知らないうちに自分の一部が元恋人のところに行って、ずっと泣き続けていたというのだ。

そんなの私は知らないし、どうすることもできないし、と思いつつ、なぜかごめんと謝ってしまった。

彼とはそれっきりだ。

＊

花代《はなよ》さんにある一本の電話がかかってきたのは冬のことだった。電話の相手は息子の元妻だった。

十五年ほど前、当時二十代前半だった息子が、子供ができたことをきっかけに結婚した相手だった。かつては皆一緒に暮らしていたこともあったが、やがてすれ違いが生じ、息子夫婦は二年弱で離婚の選択をしたのだった。

離婚後、彼女は遠く離れた地元に帰り、そこで子供と一緒にずっと暮らしていた。戸籍が変わっても、元嫁は花代さんのことをずっとお母さんと呼び、たまに孫の近況を報告する電話をかけてきたが、この日は少し声のトーンが違った。

「ごぶさたしています。あの……お母さん。つかぬことをお伺いしますが、貴洋《たかひろ》さんはお元気なのでしょうか」

彼女から息子の話をするのはとても珍しいことだった。お互いの古傷に触らないように、息子の話はしないというのが暗黙のルールだったのだ。

「実は最近、貴洋さんが苦しそうに呻《うめ》いている夢を毎晩見るんです。あまりにも同じ夢が続くので、少し心配になってしまって」

そのとき息子は東海地方で入院していた。海外で暮らしていたが、肝臓を患って帰国し、長いあいだ治療していたのだった。ここのところ病状が思わしくなく、心配な報告ばかり受けていたところだった。

花代さんはそのことを元妻に伝えた。

「やっぱり……」

彼女は慌てるでもなく言った。

「今度、仕事で東京の方へ出張するので、お見舞いにいくことも可能です。もし貴洋さんが嫌でなければ、ですけれど」

花代さんはすぐに息子に連絡して、ことの顚末を伝えた。

息子は驚いた様子だったが、しばし考え込んで、

「こんなに弱って死にそうになっている姿を見られたくないから」

と見栄を張り、見舞いを断った。

数ヶ月後、花代さんの息子は無事に回復して退院することができた。退院には息子の今の妻が付き添った。

花代さんの息子と元妻は、もう会うことはないかもしれない。

けれど別れの道を辿ることになったとしても、一度心を通わせた人間同士であれば、何かは閉じられずに残っているのかもしれない。

おわりに

怪談は、怪異についての物語であるのと同時に、怪異と出会った人の物語でもある。体験談の聞き取りをしながら、その人の暮らしや見てきた景色がふと言葉の中に覗くとき、とても大切なものを見せてもらっているように感じる。

『怪談びたり』を書きながら、それぞれの体験者に話を聞かせてもらったときのことをずっと思い出していた。すべての原稿を書き終えた今、安堵と寂しさがどっと押し寄せている。

本文中、私は存在感を消した透明な書き手として静かに怪談と人を眺めてきたが、かくいう私も割とおかしな体験をしてきた。

子供時代から小中学校にはまったく通わず、家で本ばかり読み、同世代と交わることのない九年間を過ごした。絵を描くことが好きだったので高校に上がる歳から地元の小さな美術予備校に通い、それと並行して高卒認定資格を取って京都の美大へ行った。

大学では不器用すぎて周囲とあまり馴染めなかったが、気の合う人も次第に現れて、刺激的でおもしろい生活だった。

一人暮らしを始めて数年経った頃、ふと父のことが気になった。今、生きているのだろうか。それとも死んでいるのだろうか。それまでは考えてもみなかったが、両親が出会った年齢に自分が近づいたことで妙に気になり出した。

連絡先を手に入れて電話をかけてみると、父と名乗る人は喜んで、次の週には父の暮らす街で会うことになった。

私が物心ついた頃にはすでにどこか遠くへ行っていた父だ。不在を感じる心の隙間ははじめからなかった。

JR三島駅に降り立った私を迎えたのは、全身のいたるところに刺青が入った痩せぎすの男性だった。顔立ちは私とよく似ていた。

父は私を高級リゾートに連れて行くと言った。珍妙な車に乗り込むと、大きな左ハンドルに人間の頭蓋骨のフィギュアがついていて、父はそれをむんずと掴んでハンドルをさばいた。

道中、親子の奇妙な自己紹介が始まった。

父は、数年前までニューヨークで刺青師をしていたという。副業として働いていたマンハッタンのレストランで料理の腕が認められ、渋谷の道玄坂に日本支店を出すにあたり店長を任され帰国したが、体調を崩したので今は東海地方で自営業をしているのだと楽しそうに語った。

想像以上に型破りな半生に面食らっていると、唐突に父が言った。

「君に謝らなければいけないことがある」

不吉な予感が頭をよぎったが、聞いてみることにした。

「俺、君が産まれたばかりの頃は日本でアーティストとして活動していて、ヒッピーみたいな暮らしをしてたんだ。それで、タバコの副流煙を乳児だった君にたくさん吸わせてたんだ。それがずっと心残りで。ごめん」

そんなことでわざわざ謝るだろうか。本当にただのタバコだったのだろうか？　それに今さら謝られてもどうしようもない。

「それで君が、目を回して笑い狂ってさ……本当にごめん」

本当に、ただのタバコだったのだろうか。できれば知りたくなかった。

私の実話怪談である。

そんな父と打ち解けたのも怪談がきっかけだった。私が怪談が好きで集めていると言うと、父は目を輝かせて自分の体験談をたくさん語り始めた。

思えば、怪談を好きになったころから現実ばなれしたことばかり起きている。

見ず知らずの父親に電話をかけたり、怖い話の大会に出たり、客席から観ていた憧れの人たちと同じ壇上に立ったり、テレビに出たり、こうして本を書くと決心できたのは、見知らぬ人に「不思議な体験はありませんか」と尋ね続けるうちに身についた無謀な勇気のおかげだ。

これを書いている二〇二〇年の春、自分ではどうしようもない力で日常風景が変わった。だからこそ、怪談の蒐集と記録には意味があると感じる。

私はこれからも怪談を訊ね続けていくだろう。

最後に、体験者の皆さん、二見書房の千田麻利子さん、装幀を手がけてくださった鈴木千佳子さん、これまで様々なきっかけを作ってくださり、本書の帯に言葉を寄せてくださった松原タニシさん、恩師である田川とも子さん、怪談との出会いを作ってくれたApsu Shuseiさん、怪談マニアの夫の存在がなくては、本書は生まれませんでした。ありがとうございました。

そして、本書をお手にとってくださった読者の皆様に心より感謝を申し上げます。

深津さくら
ふかつ・さくら

京都造形芸術大学芸術学部卒。
大学時代は美術と実話怪談を研究。
2018年より怪談師として活動を開始。
現在は関西を中心にイベント・
メディア出演を行っている。
DVD『怪奇蒐集者　深津さくら』（楽創舎）、
共著として『京都怪談　神隠し』
『現代怪談　地獄めぐり』
（ともに竹書房）がある。
OKOWAチャンピオンシップ
2019ベスト4。

Twitter　@f_sa13
instagram　@fsa1.3

装　幀　鈴木千佳子
DTP　横川浩之
イラスト　深津さくら

怪《かい》談《だん》びたり

著　者　深《ふか》津《つ》さくら

発行所　株式会社 二見書房
東京都千代田区神田三崎町2-18-11
電話　03（3515）2311［営業］
電話　03（3515）2313［編集］
振替　00170-4-2639

印　刷　株式会社 堀内印刷所
製　本　株式会社 村上製本所

落丁・乱丁本はお取り替えいたします。
定価はカバーに表示してあります。

ISBN978-4-576-20098-9
https://www.futami.co.jp/